O GREGO
O FRADE
& A HEROÍNA

ROBERTO RACHEWSKY

O GREGO, O FRADE & A HEROÍNA

A REVOLUÇÃO PACÍFICA E CIVILIZATÓRIA

São Paulo | 2023

LVM
EDITORA

Copyright © 2023 – Roberto Rachewsky

Os direitos desta edição pertencem à LVM Editora, sediada na
Rua Leopoldo Couto de Magalhães Júnior, 1098, Cj. 46
04.542-001 • São Paulo, SP, Brasil
Telefax: 55 (11) 3704-3782
contato@lvmeditora.com.br

Gerente Editorial | Chiara Ciadarot
Editor-chefe | Pedro Henrique Alves
Revisão | Ana Júlia Olivieri
Preparação | Alexandre Ramos da Silva
Projeto Gráfico | Mariangela Ghizellini
Capa | Mariangela Ghizellini
Diagramação | Décio Lopes

Impresso no Brasil, 2023

Dados Internacionais de Catalogação na Publicação (CIP)
Angélica Ilacqua CRB-8/7057

R118g	Rachewsky, Roberto O grego, o frade e a heroína : a revolução pacífica e civilizatória / Roberto Rachewsky. São Paulo: LVM Editora, 2023. 172 p. Bibliografia ISBN 978-65-5052-067-0 1. Filosofia I. Título
23-0810	CDD 100

Índices para catálogo sistemático:

1. Filosofia

Reservados todos os direitos desta obra.

Proibida a reprodução integral desta edição por qualquer meio ou forma, seja eletrônica ou mecânica, fotocópia, gravação ou qualquer outro meio sem a permissão expressa do editor. A reprodução parcial é permitida, desde que citada a fonte.

Esta editora se empenhou em contatar os responsáveis pelos direitos autorais de todas as imagens e de outros materiais utilizados neste livro. Se porventura for constatada a omissão involuntária na identificação de algum deles, dispomo-nos a efetuar, futuramente, as devidas correções.

Dedico este livro à Cláudia Eppinger, que me suporta em todos os sentidos e me estimula a ser melhor a cada dia.

Aos meus filhos, Pedro, Rafael e Lucas, que sempre foram estimulados a serem livres.

Agradeço aos meus amigos André Burger e Winston Ling pela revisão do manuscrito.

SUMÁRIO

9 | **Prefácio** | *Winston Ling*

17 | **Introdução**

21 | **Os três A's: Aristóteles, Aquino e Ayn**
    Aristóteles, o grego | 21
    Tomás de Aquino, o frade | 24
    Ayn Rand, a heroína | 26
        Polêmicas | 37
        Personagens caricaturais | 37
        Poligamia | 38
        Seguridade social | 38
        Tabagismo | 39
        Macartismo | 39

41 | **Os Caminhos da Modernidade**

55 | **O Paradoxo da Modernidade**

67 | **O que é Filosofia?**

69 | **O que é Objetivismo?**
    Metafísica | 70
    Axioma da existência | 70
    Axioma do ser (A = A) | 71
    Axioma da consciência | 72
    Epistemologia | 73
    Ética | 78
    Virtudes | 80
    Política | 84
    Estética | 88

91 | **Os Caminhos da Brasilidade**

103 | **O Iluminismo Tardio**

147 | **Quem é John Galt?**

157 | **Conclusão**

161 | **Posfácio** | *Fernando L. Schüler*

PREFÁCIO

Este livro se originou de uma série de artigos avulsos escritos ao longo do tempo por Roberto Rachewsky, que ele tomou como base para esta obra. O autor costurou os diversos assuntos usando como "cola" a filosofia, mais especificamente, o Objetivismo, a filosofia de Ayn Rand, que teve muito impacto em sua vida.

Como contemporâneo e colega e amigo, vou aqui prestar um depoimento pessoal que facilitará a leitura da autobiografia de Roberto Rachewsky, e ajudará a entender o contexto e as circunstâncias que influenciaram o autor e que ajudaram a moldar o homem que se tornou.

Conheci Roberto Rachewsky em 1984 quando da fundação do IEE, Instituto de Estudos Empresariais, em Porto Alegre, e a partir daí percorremos uma curva de aprendizado, cada um da sua maneira, influenciados pela filosofia do Objetivismo de Ayn Rand. Conto a seguir pedaços da minha trajetória, que ocorre concomitantemente com a do Roberto Rachewsky, narrados neste livro, e que complementam o relato dele.

O IEE foi fundado com o objetivo de formar lideranças de orientação liberal-libertaria, em contraposição ao Marxismo, a Social-Democracia, ao Conservadorismo, e ao Positivismo estatizantes, reinantes até então no país.

Na época o Liberalismo era, por um lado, não muito conhecido, e por outro lado, combatido, tanto pela esquerda, como pela direita. Para manter o "low profile" (discrição), e evitar ser carimbado pelos "patrulha dores de plantão", optou-se por escolher um nome neutro, que não chamasse muita atenção: Instituto de Estudos Empresariais.

Diferente de um clube desportivo ou social, como muitos existentes na época, e ainda hoje, era um instituto "sério", de estudos. "Estudos Empresariais" não significa a preparação de líderes empresariais ao estilo das Associações de Jovens Empresários, focados em gestão de empresas, ou em tecnicalidades da formação professional ou de liderança de um administrador ou de um empreendedor.

Significa sim, muita leitura e muito estudo para a preparação de verdadeiros líderes empresariais, equipados conceitualmente para defender, cada um individualmente em seu meio, o lado do Individualismo e da Liberdade nas discussões ideológicas e acadêmicas, influenciar a opinião pública, e conquistar a iniciativa da agenda de discussões da sociedade, até então dominadas pela agenda estatizante.

Líderes que conseguem ler nas entrelinhas e desmascarar as agendas camufladas por trás de discursos inocentes com a aparência de bons propósitos e boas intenções, aquelas narrativas hoje em dia conhecidas como o "politicamente correto".

Este é o espirito e o proposito único e especial do IEE.

Quando o IEE convida um palestrante para seus eventos fechados, não é para "tomar aula" do convidado, mas sim, para proporcionar oportunidade para que seus membros verbalizem seus conhecimentos adquiridos nas leituras, exercitando as técnicas do debate e da persuasão para, no mínimo, influenciar o convidado a ler alguns livros liberais. A maioria destes palestrantes, e isso vale até os dias de hoje, nunca leram livros sobre o Liberalismo. O convidado palestrante sempre saia do evento com uma pilha de livros que lhe dávamos de presente. Se não for o IEE incentivando a leitura destes livros para estes palestrantes, então quem mais fará isso no Brasil?

O Roberto e eu sempre estivemos na linha de frente para garantir este espirito e este propósito do IEE, desde a sua fundação.

Em 1986, atendendo a um chamamento do Donald Steward, fundador e presidente do Instituto Liberal (1982), fundei o Instituto Liberal do Rio Grande do Sul, e convidei o Roberto Rachewsky para ser o Vice-Presidente.

O IL-RS passou a ser o fornecedor da lista livros de leituras obrigatórias do IEE, e fizemos um esforço enorme para influenciar também as demais organizações empresariais gaúchas. Os livros do Instituto Liberal eram distribuídos nas reuniões semanais da Federação das Indústrias (FIERGS), Federação das Associações Comerciais (FEDERASUL), Associação dos Dirigentes de Vendas (ADVB), Federação da Agricultura (FARSUL). Também fizemos um esforço para penetrar nas universidades, com a realização de seminários acadêmicos, sempre em parceria com o Instituto Liberal.

Sempre que Donald Steward trazia celebridades internacionais para palestrar no Rio de Janeiro, dos 8 capítulos regionais do Instituto Liberal existentes até então (a saber: Rio Grande do Sul, Paraná, São Paulo, Minas Gerais, Brasília, Bahia, Pernambuco, e Ceará), somente o nosso teve a iniciativa de coordenar um trabalho em conjunto, e sempre trazê-los também para Porto Alegre.

Em 1987 o Instituto Liberal traduziu e publicou "Quem é John Galt" ("Atlas Shrugged"), de Ayn Rand, mais tarde reeditado como "A Revolta de Atlas", um livro que rapidamente devorei, e que me causou um tremendo impacto. Mudou a minha vida, como acontece com tantos outros que tiveram contato com Ayn Rand. Como é do meu estilo, não sou de perder tempo, imediatamente comprei e comecei a ler todos os demais livros sobre o Objetivismo, disponíveis em inglês.

Em julho de 1989, e em julho de 1990, participei de dois "Summer Camps" no mês de julho de cada ano organizados por organizações objetivistas ligados ao Ayn Rand Institute (ARI), nos Estados Unidos, que me impactaram bastante. Adquiri praticamente todos os livros de não-ficção, panfletos, e todos os cursos em áudio (fitas cassete) que estavam sendo oferecidos a venda. Hoje, estes estão disponíveis gratuitamente no website do ARI, e estou envolvido na legendagem dos mesmos para o português via a organização "Objetivismo Brasil", de Matheus Pacini.

O "Summer Camp" de 1990 foi emblemático pois o Leonard Peikoff dedicou várias horas aula para repassar linha por linha seu "Objectivism: The Philosophy of Ayn Rand", usando-nos como cobaias para revisar e aperfeiçoar a escrita desta obra.

De volta ao Brasil, imediatamente adquiri os direitos e iniciei eu mesmo a tradução de "A Virtude do Egoísmo" ("The Virtue of Selfishness"), tradução esta que foi completada na sua maior parte por Candido Prunes, que revisou e escreveu o prefácio. Para ser publicado, recebi o apoio de André Loiferman, então presidente do IEE gestão 1990-1991, por isso temos na capa o logo do IEE juntamente com o logo da Editora Ortiz, que publicou o livro em Março de 1991.

Eu me lembro muito claramente do dilema que eu tive na hora de decidir o título do livro em português. Literalmente, traduzido do inglês, deveria ser "A Virtude do Interesse Próprio", que não seria tão agressivo, e nem criaria tanta celeuma quanto "A Virtude do Egoísmo". Resolvi optar pelo segundo título propositalmente, para chamar atenção. Hoje, eu tenho minhas dúvidas: acho que "A Virtude do Interesse Próprio" tem um poder bem maior de derrubar resistências e aumentar as vendas deste livro. Infelizmente, esqueci de comentar isso com a editora LVM, que recentemente colocou à venda uma nova edição do livro, mantendo o título que eu escolhi. Fica aqui a dica, para as próximas edições do futuro.

Como o propósito do IEE não era de editar livros, em 1991, fundei, juntamente com Leônidas Zelmanovitz e André Loiferman, o Ateneu Objetivista, que comprou os direitos de A Nascente ("The Fountainhead") e, antes de me expatriar para os Estados Unidos, no final daquele ano, deixei contratada a tradução do mesmo, por Beatriz Viegas-Faria, que foi finalmente publicada em janeiro de 1993 pela mesma editora Ortiz e Ateneu Objetivista, com 695 páginas.

Em 1992, já morando nos Estados Unidos, adquiri num leilão do ARI para comemorar, o rascunho da entrevista de Ayn Rand para a revista Playboy, cheia de correções e anotações da autora. Mais tarde, tive a oportunidade de adquirir um exemplar da revista Playboy original de 1964, onde esta entrevista foi publicada.

Em seguida, o Ateneu Objetivista iniciou a tradução do livro "Objetivismo: A Filosofia de Ayn Rand" ("Objectivism: The Philosophy of Ayn Rand"), também por Beatriz Viegas-Faria. Como eu estava longe, vivendo nos Estados Unidos, quem realmente tomou o comando e foi o realizador deste projeto foi Leônidas Zelmanovitz, com a ajuda de André Loiferman. Foi ele quem contratou o Professor Alberto Oliva para fazer a revisão da tradução, e coordenou todas as etapas até a publicação do livro. Minha contribuição foi somente colaborar com a minha cota na "vaquinha" para pagar os custos da operação. Este livro levou muitos anos para ser terminado e foi finalmente publicado no ano 2000 pela editora Ateneu Objetivista, que dividia a sua sede física com o Instituto Liberal do Rio Grande do Sul, em Porto Alegre.

Enquanto vivia no exterior, desde 1991, me desliguei completamente do movimento liberal do Brasil, somente retomando contato, gradativamente, com o advento das mídias sociais, em 2008. Fiquei 17 anos desligado dos acontecimentos.

A partir do Plano Real, em 1994, todos os Institutos Liberais regionais desapareceram, exceto o Instituto Liberal do Rio Grande do Sul e o Instituto Liberal original, pioneiro, de Donald Steward Jr., no Rio de Janeiro. Anos depois, fui perguntar aos antigos colegas o que aconteceu. A resposta que obtive foi surpreendente. Com a chegada do Plano Real, a inflação foi controlada, a economia se normalizou, e o Brasil iniciou uma retomada econômica dentro de uma estabilidade de preços. Os mantenedores suspenderam as contribuições argumentando que o objetivo dos institutos havia sido alcançado, que o liberalismo econômico estava conquistado, e que a hora era focar nos seus negócios, surfar a onda do crescimento econômico, e ganhar muito dinheiro. Não havia mais razão para os Institutos Liberais existirem.

Vale a pena tomar nota, e nunca esquecer: a conquista e a manutenção da Liberdade é uma tarefa continua e permanente, que não tem fim. Ou seja: O preço da Liberdade é a eterna vigilância.

Em 2004, o Instituto Liberal do Rio Grande do Sul resolve mudar seu nome, de um adjetivo para um substantivo: Instituto Liberdade. Já estava morando em Shanghai quando fui consultado pela Margaret Tse, e apoiei a iniciativa. O IL existe e é atuante até o dia de hoje.

Em 2017 iniciei a apoiar, como investidor anjo, o projeto de Matheus Pacini, o Objetivismo Brasil. O projeto iniciou com a tradução de textos e vídeos, a partir do menor texto e do mais curto vídeo, para os de maior duração. O Objetivismo Brasil está hoje presente no internet com o seu próprio website, e nas mídias sociais como Facebook, Instagram, Twitter, LinkedIn e YouTube.

Com a maioria dos textos e vídeos já traduzidos, o passo seguinte está sendo a tradução dos cursos completos que estão no website do ARI, e com a qual o Objetivismo Brasil estabeleceu uma produtiva parceria, disponibilizando-os para os estudiosos do Brasil.

Roberto Rachewsky conta no seu livro a parceria que ele fez com a editora LVM, ligada ao Instituto Mises Brasil, que está traduzindo os livros de não-ficção de Ayn Rand. Tendo em vista que o livro "The Romantic Manifesto" não foi incluído nesta lista, estou patrocinando a tradução e publicação para o português do "Manifesto Romântico", cujo lançamento estimo será em 2023. Enquanto eu escrevia o prefacio deste livro, Roberto me revelou que havia deixado "The Romantic Manifesto" de fora do programa da LVM por que ele tinha a intenção de traduzi-lo. Mas, sem saber, e sem querer, fui mais rápido e adquiri os direitos antes dele.

O depoimento pessoal que revelo acima é inédito, e serve como contexto, introdução e complemento ao livro "O grego, o monge e a heroína", que é ao mesmo tempo uma introdução, um manifesto, e uma autobiografia do Roberto Rachewsky, o relato da uma jornada desde o primeiro contato com a filosofia que passa a ser a guia de sua vida desde então.

Fiquei extremamente feliz por ter sido convidado a escrever o Prefacio deste livro. E fiquei mais feliz ainda ao terminar a leitura, pois tive a sensação de que este livro, com a exceção do último capítulo, conta também a minha história.

Roberto conta sua história numa escrita fluida e fácil de ler.

Este livro é a derradeira introdução ao Objetivismo no Brasil que todos esperavam, escrito por alguém que é mais do que um simpatizante: alguém que estudou Objetivismo a fundo, e servirá de inspiração a todos que se interessarem a estudar mais profundamente a filosofia de Ayn Rand.

Em os "Caminhos da Modernidade", introduz o leitor a um sumario extremamente bem resumido da filosofia ao longo dos tempos, e como os filósofos foram evoluindo do misticismo para a razão, do coletivismo para o individualismo, da vida coletiva e publica, para a privacidade, que é o que caracteriza o caminho da selvageria para a civilização.

Em os 3 "As", Roberto apresenta os três filósofos que foram os pilares no desenvolvimento da filosofia do Objetivismo: Aristóteles, Tomas de Aquino, e Ayn Rand.

Em "O que é Filosofia", Roberto apresenta os cinco ramos de um sistema filosófico.

Ayn Rand, na forma mais suscinta possível, disse o seguinte com relação aos quatro primeiros ramos da filosofia Objetivista:

1. **METAFÍSICA: REALIDADE OBJETIVA** ou "A natureza, para ser comandada, deve ser obedecida" ou "Desejar não fará com que seja assim".
2. **EPISTEMOLOGIA: RAZÃO** ou "Você não pode comer seu bolo e tê-lo também".
3. **ÉTICA: INTERESSE PRÓPRIO** ou "O homem é um fim em si mesmo".
4. **POLÍTICA: CAPITALISMO** ou "Dê-me liberdade ou dê-me a morte".

Em "O que é Objetivismo", Roberto elabora e explica o que significa cada uma destas frases ilustrativas acima, que para o não-iniciado mais parecem enigmas, trazendo luz aos cinco ramos da filosofia no contexto do Objetivismo.

Em seguida, o livro descreve o contexto da história do Brasil (Os Caminhos da Brasilidade), e uma sinopse da história do movimento liberal no Brasil (O Iluminismo Tardio), da qual Roberto foi protagonista e participou intensamente. Vem aqui conhecer a aventura dos liberais no Brasil, os heróis, a sua luta e as suas realizações.

O livro finaliza com "Quem é John Galt", onde Roberto descreve sua trajetória familiar e individual, sempre incessante na manutenção de uma ancora da Realidade e sempre procurando praticar as sete Virtudes do Objetivismo:

Razão, Honestidade, Justiça, Independência, Integridade, Produtividade e Orgulho

Que este livro seja uma inspiração para todos os leitores que decidirem escrever, dirigir e ao mesmo tempo protagonizar "o filme" da sua vida, em busca da Felicidade aqui na Terra.

Winston Ling
02 de Setembro de 2022

INTRODUÇÃO

Você pode se evadir da realidade, mas não pode se evadir das consequências de ter se evadido da realidade[1].

Evadir-se da realidade pode oferecer alívio temporário, como se, por encanto, aquilo que nossa consciência não vê não existisse mais. Ocorre que, a despeito da nossa vontade, a realidade é soberana. Ela impera e tem primazia sobre a nossa consciência, que, de fato, é algo que faz parte da realidade.

Evadir-se da realidade não é ser ignorante. É tomar a decisão de virar o rosto para não vermos aquilo que está ali nos rondando, aquilo que, mais cedo ou mais tarde, acabará nos atropelando como um trem que vem na nossa direção, mas para o qual damos as costas enquanto olhamos o ponto infinito formado pelas linhas paralelas dos trilhos, onde resolvemos acomodar nossos devaneios.

As perguntas e respostas sobre a existência, sobre o universo, inclusive sobre o nosso ser, requerem foco, exigem que deixemos o vício da evasão mental de lado. É preciso, para podermos viver a melhor vida como seres humanos, escolher focar a mente, perceber o mundo e enfrentá-lo com todas as virtudes que se possa exercitar, em vez de optar por deixar a própria consciência à deriva, torcendo para que contingências tragam bons frutos, os quais sequer ousamos tentar conquistar; ou, nos protejam daquilo que poderia nos prejudicar sem nada fazermos para isso.

É a partir desse pensamento que eu tenho escolhido focar a minha mente para observar a realidade, pesquisar sobre a história e estudar filosofia, aprendendo com os mestres do passado e do presente,

---

[1]. Paráfrase tornada popular que se baseia nas palavras da filósofa e escritora Ayn Rand, proferidas em 1961 durante uma palestra na Universidade de Wisconsin, EUA, que literalmente dizia: "O homem é livre para escolher não ser consciente, mas não é livre para escapar da pena da inconsciência: destruição".

além de construir e formar convicções próprias por meio do árduo e necessário exercício de usar a razão, essa faculdade que eu, você e os demais seres humanos temos.

Escolher não é sinônimo de obter. Obter consciência sobre o universo é uma das coisas mais difíceis de se fazer e exige muita força de vontade e disciplina. Ser consciente não é apenas perceber algo que existe, é ir além, é perceber algo, identificá-lo, e, a partir daí, produzir abstrações que nos dirão de que maneira aquilo se relaciona conosco e com o mundo que está à nossa volta. Se aquilo promove o florescimento e a vida, ou a destruição e a morte.

Com este livro, quero convidá-lo a fazer esse exercício, usar a mente para pensar, para lidar com conceitos, explorar princípios, revisar premissas, abandonar dogmas, usar essa ferramenta de poder ilimitado que é a mente, a sua mente, para entendermos como chegamos até aqui e o que precisamos fazer para transformar o mundo em que vivemos num ambiente livre e seguro, onde cada um possa construir sua vida, criar seus valores, alcançar seus propósitos, na busca incessante da felicidade que todos queremos.

Adianto que seremos guiados por um conjunto de ideias, uma filosofia, descoberta e sistematizada pela escritora e filósofa russa, naturalizada americana, Ayn Rand, à qual ela deu o nome de Objetivismo.

Objetivismo não é uma ideologia política, tampouco é um manual de autoajuda. Objetivismo é uma filosofia completa, criada para oferecer princípios e valores para que cada um possa viver a melhor vida que puder nesse mundo. Ela não visa melhorar a vida da sociedade, seu objetivo é dar instrumentos intelectuais para você melhorar a sua vida. A melhora da vida da sociedade ocorre, porém, por mera consequência, uma vez que não é possível materializar o desenvolvimento social a não ser por meio dos indivíduos.

Entenda que não existe sociedade em concreto, existem *indivíduos*. Uma coisa é certa: não existe bem-estar social sem indivíduos livres, independentes, virtuosos, produtivos e felizes. Quando alguém alcançar a felicidade sem contradições, sem culpa, não o inveje, admire-o; não deseje o que ele construiu, faça melhor, siga o seu exemplo e crie você mesmo valor. Coloque as emoções no seu devido lugar. Ninguém alcança a felicidade sem virtudes. Culpa, inveja e evasão mental não são virtudes, são vícios.

O Objetivismo é a filosofia do indivíduo, para o indivíduo que deseja viver em uma sociedade livre, com privacidade plena, civilizada e próspera. Tal filosofia é o resultado do esforço mental e físico de uma mulher genial que soube reconhecer a importância dos filósofos que a antecederam e a influenciaram, Aristóteles, o grande filósofo grego, clássico, esquecido por mil anos; e Tomás de Aquino, o frade italiano, misto de teólogo e filósofo pré-renascentista, logo pré-iluminista, que recolocou Aristóteles no lugar que merecia.

Lembre-se, você pode se evadir da realidade, mas não pode se evadir das consequências de ter se evadido da realidade. Portanto, foque sua mente e venha comigo nessa jornada que se iniciou há milhares de anos, cujo destino é o futuro e o propósito é a sua felicidade.

OS TRÊS A'S: ARISTÓTELES, AQUINO E AYN

*Meus pontos de vista ainda não são parte
da história da filosofia. Mas eles serão².*

Ayn Rand certa vez disse que na história da filosofia ela só poderia recomendar três pensadores: Aristóteles, por todo o seu trabalho em prol da realidade objetiva, da razão como um absoluto e da ética do individualismo; Tomás de Aquino, por ter resgatado o trabalho de Aristóteles com base nas traduções feitas por Maimônides e Averróis, com a importante contribuição de ter separado e dado autonomia à filosofia com base na razão; e ela mesmo, Ayn Rand, por ter corrigido, aprimorado e completado o que Aristóteles nos legou e também por ter liquidado de uma vez por todas o que Tomás de Aquino não teve capacidade de fazer com a religião, a fé, com seus dogmas, revelações e supernaturalismo, contidos na teologia em geral e na teologia natural em particular. É sobre a vida deles, dos três A's: Aristóteles, Aquino e Ayn, que apresento um breve resumo.

ARISTÓTELES, O GREGO

Aristóteles nasceu na cidade de Estagira, na região da Trácia, noroeste da Grécia, em 384 a.C. Por ter nascido ali, ficou conhecido pelo apelido "Estagirita", muito utilizado ainda hoje pelos acadêmicos que o tratam com respeito e carinho. Quando completou 17 anos, Aristóteles foi enviado para iniciar seus estudos na Academia, escola

---

2. Declaração feita por Ayn Rand para seu professor Nicholas Onufrievich Lossky, quando ainda era estudante de história e filosofia em São Petersburgo.

pertencente a Platão, em Atenas, onde permaneceu por dez anos, até a morte deste, em 347 a.C.

Com a morte do mestre, Aristóteles resolveu expandir seus conhecimentos em outras áreas, e foi para Assos, na costa da atual Turquia, onde se dedicou ao estudo da biologia marítima. Assos era governada por um antigo colega de Aristóteles na Academia, Herméias, que o acolheu como hóspede até sua morte, por volta de 344 a.C., executado pelos persas que conquistaram o lugar.

Em decorrência dos fatos, Aristóteles retornou à Grécia, mudando-se para Eresos, na ilha de Lesbos, onde se associou a Teofrasto[3] para continuar pesquisando sobre filosofia e continuar seus estudos empíricos. Aristóteles casou-se com Pítia, filha adotiva de Herméias, com quem teve uma filha que ganhou o mesmo nome da mãe.

Cerca de 341 a.C., Felipe, rei da Macedônia, chama Aristóteles para servir como tutor de seu filho Alexandre, que na época tinha treze anos, e que viria, poucos anos depois, a se tornar Alexandre, o Grande. Muito pouco se sabe da vida de Aristóteles entre os anos de 341 a.C. e 335 a.C., quando regressou para Atenas. Alguns historiadores supõem que ele teria continuado em Pella, capital da Macedônia, outros que ele retornara para Estagira.

Ao retornar a Atenas, Aristóteles resolveu criar sua própria escola, o Liceu, que mais tarde viria a ser conhecida como Peripatética. O nome "Liceu" deve-se ao fato de a escola utilizar o espaço público onde se situava o templo em homenagem ao deus Apolo Lício, sendo que o nome Peripatética, provavelmente, tenha sido adotado em referência ao local chamado de ambulatório, onde os frequentadores perambulavam. O Liceu é tido como a primeira grande biblioteca da antiguidade.

Tendo ficado viúvo, Aristóteles se casou com sua conterrânea Herpília, que teria sido sua escrava e mãe de seu filho, Nicômaco, a quem foi dado o nome de seu avô paterno. "Ética a Nicômaco", seu ensaio sobre moral, seria uma compilação de suas aulas sobre o

---

3. Teofrasto (Eresos, Grécia, 372 a.C.~ Eresos, Grécia, 287 a.C.), filósofo da Grécia Antiga, sucessor de Aristóteles na Escola Peripatética.

comportamento humano, seus hábitos e as virtudes necessárias para se alcançar a *eudemonia*, o supremo estado de bem-estar. "Ética a Nicômaco" teria esse nome por ser o legado deixado por Aristóteles a seu filho.

Em 323 a.C., Aristóteles deixou Atenas por temer por sua segurança, dado o sentimento hostil que havia se desenvolvido por lá contra os macedônios. Em 322 a.C., Aristóteles morre de causas naturais em Cálcis, cidade de Eubeia, a maior das ilhas egeias.

Ayn Rand dizia que Aristóteles seria como o Atlas que carrega a civilização ocidental nos ombros. O grande filósofo fez as perguntas corretas e identificou o método adequado para respondê-las eficazmente: o uso focado da razão, do nosso aparato cognitivo, para perceber a realidade, identificando os perceptos, conceituando-os, analisando-os e sintetizando-os de forma integrada, sob a luz da ciência e da lógica, até criarmos convicções.

Aristóteles foi quem, ao sistematizar sua filosofia, iluminou nossos caminhos para que pudéssemos superar a ignorância por meio do verdadeiro conhecimento, abandonando, por um lado, a fé e o misticismo promovidos pela escola platônica, baseada nas ideias de Pitágoras[4], e, por outro, desnudando as falácias e combatendo o ceticismo, defendido pelos sofistas, baseado nas ideias de Heráclito[5].

É a filosofia aristotélica que nos dá os instrumentos epistemológicos para lidarmos racionalmente com a realidade por meio da capacidade que temos de decidir usar nossa mente e pensar com objetividade, de forma coerente, a partir e por meio do uso eficaz do livre arbítrio.

No ramo da Metafísica, a escola platônica diz existir duas realidades, uma verdadeira, porém imaterial e superior, e outra, imperfeita, formada por imagens quase reais refletidas em nossa mente; e a escola sofista afirma que não existe realidade objetiva, nada existe, tudo virá a ser.

---

4. Pitágoras de Samos (Samos, Grécia, c. 570 a.C.~Metaponto, Itália, c. 495 a.C.), filósofo e matemático grego jônico.
5. Heráclito de Éfeso (Éfeso, Turquia, c. 500 a.C.~ Éfeso, Turquia, c. 450 a.C.), filósofo pré-socrático, considerado o "Pai da Dialética".

No ramo da Epistemologia, a escola platônica diz haver conhecimento objetivo, porém obtido das ideias inatas, adquiridas nas vidas pregressas ou por princípios inexplicáveis obtidos misticamente; e a escola sofista diz que o conhecimento é impossível, o máximo que podemos obter sobre a realidade são opiniões, o que leva à visão cética do homem ser a medida de todas as coisas.

No ramo da Ética, a escola platônica advoga por uma ética objetiva, mas desapegada da vida terrena; e a escola sofista prega subjetivismo, adoração, e motivação caprichosa.

Aristóteles propôs exatamente o oposto disso tudo, ao defender e comprovar que só existe uma realidade, objetiva, cognoscível, pertencente exclusivamente a este mundo. Que o conhecimento objetivo é possível por meio da observação, da experimentação e da lógica; e que existe uma ética objetiva com a qual a felicidade do homem nesta vida pode ser obtida por meio do uso da mente de forma racional.

Aristóteles, assim, se contrapõe aos místicos e aos céticos com sua filosofia baseada na realidade objetiva, na eficácia da mente humana e na ética que permite ao ser humano experimentar nesta Terra a melhor vida que se é capaz de viver.

TOMÁS DE AQUINO, O FRADE

Tomás de Aquino nasceu em 1225, em Roccasecca, atualmente região de Lazio, Itália, antigamente pertencente ao Reino da Sicília, num castelo que teria pertencido a seu pai, o conde Landulfo de Aquino, a meio caminho entre Roma e Nápoles. Com cinco anos de idade foi enviado para o mosteiro beneditino de Montecassino, onde seu tio era abade, no qual se dedicou ao estudo do Trivium, método educativo que ensina gramática, retórica e lógica. Aos dez anos, foi transferido para a universidade recém-criada pelo Imperador Frederico II em Nápoles, onde continua seus estudos do Quadrivium, método que ensina aritmética, geometria, música e astronomia. Provavelmente, foi em Nápoles que Tomás de Aquino foi introduzido ao pensamento aristotélico por meio dos estudos de Averróis e Maimônides, o que influenciaria definitivamente seu trabalho teológico e filosófico.

Aos dezenove anos de idade, ingressa na Ordem Dominicana, sendo levado pelos dominicanos para Roma e depois para Paris, para que a família não interviesse em sua decisão de seguir a carreira eclesiástica.

Tomás de Aquino, que passou a dar aulas como professor assistente em 1252, dedicou-se profundamente aos estudos, ao ensino e à escrita, ascendendo, na hierarquia acadêmica e eclesiástica, culminando no reconhecimento papal que o coloca entre os quatro grandes pensadores do cristianismo por suas sínteses teológicas e obras como "Questões em Disputa sobre a Verdade" (1256-1259), a "Suma contra os Gentios" (1259-1265) e sua obra-magna, inacabada, a "Suma Teológica", escrita entre 1265 a 1274, que foi uma das primeiras obras da história a serem impressas, em 1485.

Tomás de Aquino foi canonizado pela Igreja Católica em 1323. Porém, por duas vezes, em 1270 e 1277, pouco depois da sua morte, foi condenado pelo bispo de Paris por enunciar proposições heréticas. A Escolástica tem em Tomás de Aquino seu principal pensador, e sua escola de pensamento, o Tomismo, influencia pensadores do mundo todo até hoje.

O tomismo foi um exercício fantástico feito por Tomás de Aquino para proteger o cristianismo, seus dogmas, inclusive a ideia da revelação divina, dos ensinamentos irrefutáveis de Aristóteles. Aquino declarou que a revelação, de maneira alguma, se indispõe com a razão, não lhe sendo facultada a possibilidade de sustentar qualquer coisa que possa ser racionalmente refutado. Porém, Aquino daria fôlego à religião ao dizer que a teologia suplementa a razão com informações sobre as quais a razão não tem nada a dizer de uma forma ou de outra. Ou seja, se Aquino teve a virtude de completar de forma superlativa o trabalho iniciado por Averróis e Maimônides no resgate de Aristóteles, o preço de seu feito foi manter vivo o misticismo religioso e toda a ética altruísta contida no cristianismo, principalmente no que se refere ao catolicismo, que tem no neoplatonismo de Plotino e Agostinho seu fundamento filosófico.

Apesar dos pesares, mesmo com a inconveniente ideia da teologia natural, pela primeira vez na história é concedido à razão um domínio exclusivo no qual ao homem é permitido o exercício fundamental para a busca da felicidade, que é a liberdade de consciência, a liberdade para agir de acordo com seu próprio julgamento sobre as coisas da natureza, do universo e sobre o seu próprio ser, de forma autônoma e independente de qualquer autoridade religiosa, o que abre caminho para o Iluminismo e a luta contra todo tipo de autoridade, religiosa ou secular.

AYN RAND, A HEROÍNA

Alissa Rosenbaum, que trocaria o nome para Ayn Rand, nasceu em 2 de fevereiro de 1905, em São Petersburgo, então capital da Rússia Czarista, poucos dias depois da chacina promovida pela guarda do Palácio de Inverno do Czar Nicolau II[6], evento que ficou conhecido por Domingo Sangrento, que acabou deflagrando a chamada Revolução de 1905. A matança desencadeou uma série de movimentos populares que culminaram com a promessa do Czar de democratizar a Rússia, o que nunca ocorreu.

As dificuldades experimentadas pelos russos tinham várias causas, entre elas as perdas econômicas resultantes da guerra contra o Japão, na qual os japoneses impuseram aos russos uma derrota devastadora no mesmo ano de 1905.

Ainda sofrendo as consequências da derrota para os japoneses, com a economia em frangalhos e o povo sendo sacrificado, o Czar resolveu participar ativamente da Primeira Guerra Mundial, iniciada em 1914.

Em fevereiro de 1917, com a insurgência de suas tropas, a pressão dos generais e dos membros da Duma, Nicolau II acabou abdicando. Assim, tinha fim a dinastia dos Romanov e se extinguia o Império Russo. Um governo de coalisão provisório foi instituído: a Duma, o parlamento russo, passou a ser liderada pelo social-democrata Alexander Kerensky[7] que, apesar do desejo popular, não interrompeu o esforço de guerra, o que intensificou a insatisfação das classes operárias e do campesinato com os caminhos do país.

---

6. Nicolau II ou Nikolái Alieksándrovich Románov (Tsarskoye Selo, Rússia, 1868~Ecaterimburgo, Rússia, 1918) foi o último imperador da Rússia, tendo governado de 1894 a 1917, quando foi deposto e executado com sua família pelos bolcheviques.
7. Alexander Fyódorovich Kérensky (Simbirsk, Rússia, 1881~Nova Iorque, EUA, 1970), político social-democrata e advogado, foi o segundo e último primeiro-ministro do Governo Provisório Russo, exercendo o cargo entre 21 de julho e 8 de novembro de 1917.

Em outubro daquele mesmo ano, os bolcheviques[8], aproveitando o clima de revolta, resolveram promover outro golpe de estado, dissolvendo o parlamento e derrubando o governo interino.

Com a vitória do chamado Exército Vermelho[9], restou implantado o regime dos sovietes[10], e, sob a liderança de Lenin[11], o comunismo de inspiração marxista começou a ser implantado na Rússia, expandindo-se depois com a criação da União das Repúblicas Socialistas Soviéticas.

A Revolução Bolchevique de 1917 atingiu a família Rosenbaum de forma devastadora. A farmácia de propriedade da família foi estatizada, o apartamento onde moravam, que se situava em cima da farmácia, foi desapropriado. Ayn Rand, suas irmãs e seus pais se viram obrigados a dividir sua residência com estranhos. Os comandos sovietes invadiam as casas e tomavam o que encontravam, bens, dinheiro ou comida. Com os Rosenbaum não foram feitas exceções. O pai de Ayn Rand recusou-se a trabalhar para os comunistas, o que acabou exaurindo as fontes de renda da família.

Vendo a miséria e a fome batendo na sua porta, os Rosenbaum fugiram para a Ucrânia, numa longa jornada em que foram assaltados e ameaçados por serem judeus. Tendo se demonstrado uma má ideia, seguem dali para a Criméia, onde tentaram se restabelecer. Por lá ficaram durante três anos, aproveitando que o Exército Branco, que se opunha aos comunistas, fez da região o seu refúgio.

---

8. "Bolchevique" significa "maioria" em russo. Designava os integrantes mais radicais do POSDR (Partido Operário Social-Democrata Russo) fundado em 1898 e que defendia a ditadura do proletariado.

9. O Exército Vermelho dos Trabalhadores e Camponeses foi criado pelos bolcheviques em janeiro de 1918 para enfrentar o Exército Branco, seus adversários durante a Guerra Civil Russa.

10. "Soviete" significa "conselho" em russo. Organizações criadas em 1905 para representar os trabalhadores da cidade e do campo. Em 1917, com a Revolução Bolchevique, passaram a fazer parte da própria estrutura e organização estatal.

11. Lenin ou Vladimir Ilyich Ulianov (Simbirsk, Rússia 1870~Gorki, Rússia, 1924), revolucionário comunista, político e teórico político que governou a Rússia Soviética de 1917 a 1924 e a União Soviética de 1922 até sua morte. Instituiu um estado socialista unipartidário governado pelo Partido Comunista (PCUS). Ideologicamente era marxista e suas teorias políticas formaram o leninismo.

Em 1921, os comunistas acabaram subjugando a resistência e passaram a controlar também aquela região. Novamente a família Rosenbaum foi destituída de suas posses e em vez de fugirem como os outros para Constantinopla, decidiram retornar a São Petersburgo.

O pai de Ayn Rand acreditava que aquele era um período de crise temporária, que os comunistas deixariam o poder em pouco tempo e tudo retornaria ao normal. Mal sabia ele que aquele regime não apenas duraria mais setenta anos, como se tornaria ainda mais opressivo, deixando um rastro de milhões de mortos.

Ter vivido sob o pesadelo do comunismo dos 12 aos 21 anos fez de Ayn Rand uma crítica implacável do coletivismo estatista. Passou a desprezar a cultura do seu povo e tinha em mente emigrar para um país no qual pudesse viver em liberdade. Primeiramente, ela achava que esse país seria a Inglaterra, mas depois entendeu que seu destino deveria ser os Estados Unidos da América.

Assim que acabou os cursos de graduação em Filosofia e História na Universidade Estadual e o Curso Técnico de Cinema, resolveu fugir da Rússia com medo da repressão e do mal que poderia causar à sua família por causa de suas opiniões. Era sabido que qualquer oposição ao regime poderia levar os dissidentes e sua família aos *gulags*[12] existentes na Sibéria.

Em outubro de 1925, alegando que iria aprender técnicas cinematográficas que seriam úteis para desenvolver o cinema russo, Ayn Rand obtém um visto para viajar aos Estados Unidos. Em 17 de janeiro de 1926, deixa a Rússia em direção ao porto de Le Havre, na França. No caminho, no dia 2 de fevereiro, em Berlim, na Alemanha, comemora seu 21º aniversário com Vera, sua prima que lá residia. Passa alguns dias em Paris e, finalmente, no dia 10, embarca no navio S.S. De Grasse em Le Havre, partindo para Nova Iorque para realizar o sonho americano. Ayn Rand, assim, deixa para trás, sua família, sua cidade natal, São Petersburgo, a Rússia e seu nome próprio, Alissa Rosenbaum, para nunca mais voltar.

---

12. *Gulag*, sistema de campos de trabalhos forçados para criminosos, presos políticos e qualquer cidadão em geral que se opusesse ao regime comunista soviético.

Entre as lágrimas de esplendor que Ayn Rand derramou ao avistar os contornos de Nova Iorque com seus prédios magníficos, em fevereiro de 1926 e o dia 6 de março de 1982 em que ali, naquela mesma cidade, fechou os olhos para sempre, aquela mulher extraordinária experimentou uma vida intensa, produtiva como escritora, criativa como filósofa e feliz como mulher.

Foram 56 anos vivendo da melhor maneira a única vida que ela tinha, como ela sempre costumava dizer. Enfrentou dificuldades quando chegou a Hollywood, era ainda muito jovem, mas tinha um propósito e foi atrás dele. Aproveitou todas as oportunidades que surgiram à sua frente, inclusive aquela que parecia fazer parte de uma de suas novelas.

Interessada em trabalhar no cinema como roteirista, Ayn Rand se dirigiu aos estúdios da Paramount Pictures, que tinha o famoso cineasta Cecil B. DeMille, de quem ela era fã, entre os seus sócios. Esperou no icônico portão de entrada localizado, na 5555 Melrose Avenue, em Los Angeles, até que viu DeMille em seu carro. Aproveitando a oportunidade, Ayn Rand ficou encarando-o de tal forma que lhe chamou a atenção. Ele acabou perguntando o que estava acontecendo para ela encará-lo daquele jeito. Ela contou-lhe então que viera da Rússia, que seu sonho era ser roteirista de cinema, que era apaixonada pelos filmes de Hollywood, e que ele era um de seus ídolos.

DeMille, sensibilizado, convidou-a a trabalhar como extra no filme que ele estava produzindo, *Rei dos Reis*, para que ela aprendesse como filmes eram feitos. Não bastasse isso, ainda lhe deu uma carona até o set de filmagens. Casualmente, foi durante essa produção que Ayn Rand conheceu Frank O'Connor, seu futuro marido, com o qual viveria cinquenta anos. Ayn Rand começou ali sua carreira, inicialmente com trabalhos simples como figurante, assistente de figurino e assistente de roteirista. Ocasionalmente, durante a Grande Depressão, trabalhou até como garçonete para se sustentar. Em 1932, vendeu para a Universal Pictures seu primeiro roteiro para o cinema, *Red Pawn*, que nunca foi produzido. Neste mesmo ano, sua peça teatral, *A Noite de 16 de Janeiro*, foi produzida em Hollywood e na Broadway, em Nova Iorque, com algum sucesso. A partir daí, sua carreira como escritora de romances deslanchou, não sem muitas dificuldades para conseguir que as editoras publicassem seus livros.

Ayn Rand havia decidido ser escritora aos 9 anos de idade e foi como escritora que ela viveu. Sua inteligência, seu talento, sua formação educacional e sua experiência de vida na Rússia, contribuíram para ela desenvolver um acurado senso crítico, muita perspicácia e incomparável capacidade de persistir em busca das suas aspirações.

Entendeu com profundidade o papel do indivíduo empreendedor, criativo e sagaz na criação de riqueza. Entendeu o papel que um governo deveria exercer para garantir que uma sociedade se tornasse civilizada, pacífica e próspera. Enxergou isso tudo nos Estados Unidos da América, mas viu também esse ideal de nação se desvanecer a partir da crise de 1929, com a crescente intervenção estatal e todos os problemas derivados disso.

Percebeu que os Estados Unidos da América, aquela nação livre guiada pelo individualismo que ela escolheu para viver, estava se transformando numa sociedade coletivista, estatista, que escolheu o estado de bem-estar social, intervencionista e repressor, de maneira que a fizeram lembrar daquele país que havia abandonado, a Rússia.

Os romances que viria a escrever, tratavam exatamente desse conflito entre o coletivismo e o individualismo.

Com *We The Living* [Nós, os Vivos], seu primeiro romance, publicado em 1934, Ayn Rand reproduz uma versão de sua própria vida na Rússia sob o comunismo. Ela expõe o conflito existencial vivido por uma jovem com propósitos próprios para a sua vida e que enfrenta o dilema entre ser livre como um indivíduo ou ser submissa ao grupo ao qual pertencia.

We the Living é uma história na qual Ayn Rand tenta reproduzir o senso de vida na Rússia Soviética, como ela o via quando ainda morava em São Petersburgo. Não é uma autobiografia, mas tem ela própria como inspiração para a construção da personagem principal, Kira. A narrativa do livro é espetacular e, como *A Nascente* e *A Revolta de Atlas*, foi levado às telas de cinema.

We The Living serviu de roteiro para o filme italiano *Noi Vivi*, produzido em 1942 na Itália para denunciar os males do comunismo e de todo regime autoritário. Inicialmente bem recebido por Benito

Mussolini[13], por criticar Stalin[14], foi, posteriormente, proibido de ser exibido nos cinemas quando o ditador italiano se deu conta de que o filme também criticava o fascismo, que, como o comunismo, era uma forma de coletivismo.

Interessante que *Noi Vivi*, dirigido por Goffredo Alessandrini e produzido pela Scalera Film, com Alida Valli no papel de Kira Argounova, Rossano Brazzi como Leo Kovalensky e Fosco Giachetti como Andrei Taganov, foi elaborado e distribuído sem o conhecimento de Ayn Rand.

Anos mais tarde, depois da guerra, Ayn Rand soube que o produtor italiano, ciente de que os rolos originais do filme seriam confiscados pelo governo fascista, os escondera. Para atender à demanda do governo, no lugar das películas de *Noi Vivi*, ele entregou cópias de outra obra qualquer. Ayn Rand pôde, assim, tomar posse do filme, reeditando-o para que ficasse ainda mais fiel àquilo que ela desejava apresentar. O filme é imperdível.

Em *Anthem* [*Cântico*], sua segunda obra ficcional, um romance de ficção científica, publicado em 1936, ela cria uma sociedade totalmente coletivista, onde a palavra "eu" havia sido banida e substituída por "nós", até que surge alguém com a consciência do que é ser um indivíduo.

Anthem e *We the Living* serviram para reconstruir a realidade na visão que Ayn Rand tinha de uma sociedade como a que ela viveu na Rússia. Expor o seu passado angustiante vivido em São Petersburgo visava capturar a atenção do leitor por meio da emoção embasada em valores objetivos.

Em *The Fountainhead* [*A Nascente*], seu terceiro livro de ficção, publicado em 1943, ela inicia uma nova fase. A trama se passa em Nova Iorque e o tema trata das contradições presentes na sociedade americana. *A Nascente* tornou-se um best-seller, e sua versão cinematográfica

---

13. Benito Amilcare Andrea Mussolini (Predappio, Itália, 1883~Mezzegra, Itália, 1945), político que liderou o Partido Nacional Fascista e um dos criadores do fascismo. Governou a Itália de 1922 e 1943, quando foi destituído do cargo.
14. Josef Stalin (Gori, Georgia, 1878~Moscou, Rússia, 1953), revolucionário comunista e político soviético. Governou a União Soviética (URSS) de 1924 até sua morte. Foi Secretário Geral do Partido Comunista de 1922 a 1952 e primeiro-ministro de 1941 a 1953.

um sucesso de bilheteria nos Estados Unidos, quando foi levado a cartaz em 1949, tendo como protagonistas Gary Cooper[15] no papel do herói Howard Roark, e Patricia Neal[16] como Dominique Francon.

No Brasil, provavelmente na década de 50, o filme foi distribuído com o título *Vontade Indômita* e o livro foi intitulado *Tempestade nos Corações*, passando desapercebidos como obras filosóficas.

Por sinal, essas não foram as únicas obras apresentadas ao público brasileiro. Em 1949, sua peça teatral *A Noite de 16 de Janeiro*, sucesso na Broadway, torna-se a primeira produção da longa lista de sucessos do ator e produtor teatral brasileiro Paulo Autran[17]. Essa mesma peça seria levada a cartaz novamente em 2018, por Jô Soares[18].

Foi em 1957, com a publicação de *Atlas Shrugged* [*A Revolta de Atlas*], seu quarto e último romance, que Ayn Rand alcançou o topo de sua carreira como escritora. Foi exatamente a partir desse momento que ela passou a ser respeitada também como filósofa.

O romance, que consiste em cerca de mil páginas, materializa as abstrações que Ayn Rand desenvolvera na construção de sua filosofia, o Objetivismo. A narrativa mostra uma sociedade que já fora pujante entrando em vertiginosa decadência. Quanto mais difícil se tornava criar e produzir valor, mais o governo e aqueles que dele dependiam coagiam os criadores e produtores de riqueza.

Basicamente, o livro expõe o clássico conflito entre os que criam e produzem – indivíduos que querem florescer e prosperar a partir do seus próprios talentos e habilidades, para satisfazer seus próprios propósitos, empresários, cientistas, inventores, artistas, juristas, financistas, profissionais liberais, trabalhadores qualificados – versus os que

---

15. Gary Cooper (Helena, EUA, 1901~Los Angeles, EUA, 1961), ator de cinema, duas vezes vencedor do prêmio Oscar de melhor ator.
16. Patricia Neal (Packard, EUA, 1926~Edgartown, EUA, 2010), atriz de cinema e teatro, alcançou o estrelato nos anos 1950 e 1960. Foi premiada com um Oscar, um Golden Globe e um Tony.
17. Paulo Autran (Rio de Janeiro, Brasil, 1922~S Paulo, Brasil, 2007), ator brasileiro de teatro, cinema e televisão.
18. Jô Soares (Rio de Janeiro, Brasil, 1938~São Paulo, Brasil, 2022), humorista, apresentador de televisão, escritor, dramaturgo, diretor teatral, ator e músico brasileiro.

parasitam – aqueles que buscam satisfazer suas demandas e caprichos por meio da coerção.

Enquanto descreve o contexto político e econômico daquela sociedade fictícia, ela utiliza seus personagens heroicos para expor os fundamentos do Objetivismo, seus princípios, valores e ideais, por meio de longos discursos.

A Revolta de Atlas é uma composição detalhada, complexa e idealizada de uma sociedade que rejeitou instituições que são essenciais para o desenvolvimento social e econômico de qualquer nação.

Nele é retratado exatamente o que acontece quando a livre iniciativa, a propriedade privada, o Estado de Direito e o livre mercado são substituídos pelo planejamento central e o controle estatal minucioso, que impede os indivíduos de agirem livremente para criarem os valores que garantirão a sua própria existência.

As relações sociais passam a ser fiscalizadas de maneira que nada aconteça sem que a regulação e a taxação do governo se imponham. As leis são subjetivas, violam os direitos individuais em nome de interesses escusos, e têm o objetivo escamoteado de transferir mais poder e recursos para o setor coercitivo da sociedade, os políticos, burocratas e as corporações, seja de sindicatos de trabalhadores ou de empresários mancomunados com o governo.

A Revolta de Atlas descreve uma sociedade em cujo contexto aqueles que movem o mundo com suas ideias, inovações, produtos e serviços diferenciados, aqueles que são os mais competentes criadores de valor, de riqueza e de oportunidades para os seus semelhantes, desaparecem sem deixar vestígios.

O título imaginado originalmente por Ayn Rand para o livro era *The Strike* ou *A Greve*, mas seu marido, Frank O'Connor[19], achou que ele

---

19. Frank O'Connor (Lorain, EUA, 1897~Nova Iorque, EUA, 1979) foi casado por 50 anos com Ayn Rand, a quem conheceu em 1926 no set de Cecil B. de Mille durante as filmagens de *Rei dos Reis*, onde atuou em um pequeno papel e Ayn Rand era um extra. Trocou a carreira de ator pela de pintor, participando da Liga de Estudantes de Arte em Nova Iorque por muitos anos.

seria um *spoiler*, entregando o mistério que envolve o desaparecimento dos homens produtivos já no começo.

A primeira edição de *Atlas Shrugged* em português foi publicada em 1987 pela Editora Expressão e Cultura, e tinha o título *Quem é John Galt?*. O livro consistia em um volume. Em 1999, foi reeditado em três volumes. Em 2010, a Editora Sextante adquiriu os direitos e publicou o livro, alterando seu título para *A Revolta de Atlas*, ainda longe de ser uma tradução literal do título original em inglês.

Shrugged significa "dar de ombros". Lembre-se que Atlas é aquele ser mitológico que havia sido condenado por Zeus a carregar o mundo nos ombros, como fazem os produtores daquilo que os seres humanos necessitam para existir. *A Revolta de Atlas* mostra como seria nossa realidade se os homens que movem o mundo carregando-o nos seus ombros resolvessem deixar de fazê-lo pelo peso imposto pelos parasitas achacadores.

Atlas Shrugged foi reeditado inúmeras vezes e publicado em diversos formatos por diferentes editoras. Apesar de ser considerada sua obra-magna e ter sido seu maior best-seller, *A Revolta de Atlas* não foi sua única obra-prima. Na realidade, o livro que conta a estória de John Galt, Dagny Taggart, Hank Rearden, Francisco D'Anconia, Ragnar Danneskjöld e uma multidão de personagens estereotipados e idealizados para evidenciar sem imprecisões todos os tipos heroicos e malvados que encontramos na realidade, é apenas o último de uma série que acompanha e retrata a vida de Ayn Rand ao longo dos anos.

A *Revolta de Atlas* e o Objetivismo oferecem uma visão concreta da realidade e ensinamentos filosóficos que podem ser aplicados em lugares tão distintos quanto a Rússia, os Estados Unidos e o Brasil.

Ayn Rand descreve o colapso daquela sociedade retratada em *A Revolta de Atlas*, que estatiza o que antes era privado. É como se ela unisse instituições elaboradas na Rússia, país onde ela viveu, e as implantasse, gradativamente, nos Estados Unidos, país em que ela passou a viver, criando assim uma sociedade de economia mista.

Os Estados Unidos da América, quando Ayn Rand migrou para lá, em 1926, viviam o fervor liberalizante promovido por Calvin

Coolidge[20]. O país se revigorava depois do governo intervencionista de Woodrow Wilson[21], um dos chamados presidentes "liberais progressistas", enquanto na Rússia o poder era exercido por Joseph Stalin e o comunismo se intensificava.

Coolidge termina seu mandato, e em seguida o novo governo adota mudanças na política econômica produzindo deflação, entre outras intervenções estatais que provocaram a quebra da bolsa de Nova Iorque e jogaram os Estados Unidos na pior recessão de sua história. As tentativas de aliviar a situação apenas agravaram os problemas. Imaginando solucionar aquilo que ele próprio havia criado, o governo resolve promover um plano de recuperação econômica dando primazia à ação estatal em detrimento da iniciativa privada.

Assim, surge, no governo seguinte, a política do governo Franklin Delano Roosevelt[22], conhecida por New Deal[23], que consistia em ampla intervenção do governo no mercado. Juntando uma coisa com a outra em *A Revolta de Atlas*, Ayn Rand lança um alerta aos americanos, desenhando o futuro que os esperava se continuassem a implantar as políticas estatizantes que misturavam o sonho americano

---

20. John Calvin Coolidge, Jr. (Plymouth Notch, EUA, 1872~Northampton, EUA, 1933), advogado e político republicano, foi o 30° presidente dos Estados Unidos, de 1923 a 1929. Defendia pouca interferência do estado na economia. Entre seus feitos, reduziu os impostos, os déficits e a dívida do governo federal americano. Trouxe quase uma década de prosperidade inigualável para o seu país. Como um de seus biógrafos escreveu, "ele incorporava os espíritos e esperanças da classe média, conseguia interpretar seus anseios e expressar suas opiniões".
21. Thomas Woodrow Wilson (Staunton, EUA, 1856~Washington, D.C., EUA, 1924), político democrata e acadêmico, foi o 28° presidente dos Estados Unidos, de 1913 a 1921. Líder do movimento progressista, ampliou a intervenção estatal na economia criando inúmeras agências reguladoras, entre elas o FED e a Comissão Federal do Comércio. Além disso, criou o imposto de renda.
22. Franklin Delano Roosevelt (Hyde Park, EUA, 1882~Warm Springs, EUA, 1945), advogado e político democrata, foi o 32° presidente dos Estados Unidos, de 1933 até 1945. Foi eleito para quatro mandatos, sendo o presidente que ficou mais tempo no cargo. Com o evento da Grande Depressão, implementou sua agenda doméstica conhecida por New Deal.
23. Série de programas implementados nos Estados Unidos entre 1933 e 1937 por Franklin Delano Roosevelt, com a intenção de recuperar e reformar a economia americana afetada pela Grande Depressão. Críticos consideram que o New Deal não apenas prolongou a crise como transformou os Estados Unidos da América em uma sociedade de economia mista, como os sistemas fascistas.

com o pesadelo soviético, mundos tão diferentes, mas que ela teve a oportunidade de viver.

Se para os soviéticos o sonho americano soava como uma utopia, para os americanos o pesadelo soviético parecia uma distopia distante. Ao reunir ambos em *A Revolta de Atlas*, o colapso da sociedade, asfixiada pelo governo e abandonada pelas mentes criativas e produtivas, é inevitável. Essa economia mista, fundamentada em políticas baseadas numa moral coletivista e estatista, que Ayn Rand tão bem descreve, reproduz algo muito parecido com a realidade que vivemos aqui no Brasil.

A Nascente e *A Revolta de Atlas* se passam nos Estados Unidos da América com personagens que representam o *American Way of Life*[24], ou o sentido da vida como o enxergam aqueles que carregam em seu ser o verdadeiro espírito do herói americano, livre, independente, produtivo e orgulhoso de seus feitos. *A Revolta de Atlas* foi levado aos cinemas por meio de uma trilogia bastante ruim, que em nada lembrava a grandiosidade da obra literária, servindo apenas como motivo para uma enorme frustração dos admiradores de Ayn Rand.

Ayn Rand teve a vida que desejou. Não poupou esforços para realizar os sonhos que teve na infância a respeito do que queria ser quando crescesse. Todos os sonhos que alimentou a partir dos nove anos de idade, na sua casa em São Petersburgo, na Rússia, ela os materializou praticando as virtudes que fazem parte da ética que compõe sua filosofia de vida, resumida no Objetivismo.

Ayn Rand acreditava que o universo era benevolente e que todos os nossos desejos poderiam ser realizados se levássemos em conta as leis que regem o universo e as virtudes recomendadas pela ética. A vida para Ayn Rand foi única, curta, finita e intransferível.

Por isso, quando perguntada sobre o que ela achava que existia depois da morte e se ela tinha medo de morrer, respondeu com a tranquilidade, a assertividade e a precisão que lhe eram tão peculiares

---

24. *American Way of Life*, ou estilo de vida americano, caracteriza-se por uma visão benevolente do Universo. O americano acredita no progresso, no autoaperfeiçoamento, e costuma ser idealista. O estilo de vida americano é caracterizado por aqueles indivíduos que buscam a felicidade, que acreditam no sonho americano. É por isso que os Estados Unidos da América é o país que mais acolheu imigrantes na história.

quanto o seu sotaque carregado. Disse que não se preocupava com a morte, que sua preocupação era viver a melhor vida que pudesse, que ninguém tem motivos para se preocupar com a morte porque, como teria dito, em uma figura de linguagem, um filósofo grego de que ela não lembrava o nome, "Eu não vou morrer. É o mundo que acabará".

Você pode achar que Ayn Rand entra em contradição ao negar com essa frase a primazia da realidade sobre a consciência. No entanto, o que ela quer demonstrar com essa metáfora é que o fato do mundo continuar existindo é totalmente irrelevante.

POLÊMICAS

Ayn Rand defendia ideias polêmicas, controversas para o mundo acadêmico, para a mídia e para os políticos, fossem eles progressistas ou conservadores. Seus oponentes não cansavam de criticá-la, seja por seus escritos, por sua filosofia, por seu ateísmo ou por algumas decisões que tomou na vida, mas que são perfeitamente defensáveis à luz da realidade objetiva, da razão e da moral.

PERSONAGENS CARICATURAIS

Muitos usam os personagens dos romances de Ayn Rand para criticá-la pejorativamente. Não compreendem que a autora de *A Nascente* e de *A Revolta de Atlas* fez um desenho caricatural de seus personagens exatamente para podermos identificar suas essências como caracteres de obras artísticas. Da mesma forma que um cartunista, com poucos traços, de forma humorada, expõe a essência do objeto retratado, segundo o seu ponto de vista, Ayn Rand "carrega nas tintas" para definir seus personagens, tanto aqueles que representam o bem quanto o mal.

Estudantes do Objetivismo costumam usar tais personagens como paradigma e buscam repetir seus feitos na realidade. Ora, aqueles são personagens de ficção. Eles estão apenas demonstrando um conjunto de valores para entendimento geral. Cada um, de acordo com suas características, deve buscar a perfeição moral sem perder de vista o que existe, o que é real. Não podemos transformar um ideal em uma utopia, tanto quanto não podemos transformar uma utopia em um ideal deixando de lado o mundo real, o mundo possível.

POLIGAMIA

Quando Ayn Rand começou a se notabilizar como filósofa, ela conheceu Nathaniel Branden, que, como ela, era casado. Apesar disso, começaram um relacionamento amoroso que só se consumou com a aquiescência tanto de Frank O'Connor quanto de Barbara Branden, seus respectivos cônjuges. Nathaniel Branden, psicólogo que adquiriu notoriedade após se associar a Ayn Rand e ao Objetivismo, passando a difundir a filosofia e promover sua autora organizando palestras e turnês pelos Estados Unidos da América, criou a Psicologia da Autoestima, técnica terapêutica que usa muitos dos ensinamentos do Objetivismo que buscam desenvolver no paciente a capacidade da autoanálise, da revisão das premissas que formam seu ego, seus valores, que resultam em decisões e emoções muitas vezes incompreendidas.

A relação amorosa entre Ayn Rand e Nathaniel Branden se baseava na admiração mútua pelo intelecto e pelas realizações comuns. Essa relação foi bem até o dia em que Ayn Rand descobriu que Nathaniel Branden mantinha um caso escondido com outra mulher, caracterizando falta de honestidade para com ela, Rand, e com Bárbara. Ao saber da traição, Ayn Rand rompeu com Branden e o desautorizou de continuar promovendo o Objetivismo. Apesar disso, textos de Nathaniel continuaram sendo publicados em livros como *A Virtude do Egoísmo*, no qual é possível ler uma nota da autora informando que Nathaniel Branden não tinha mais nenhuma ligação com ela e sua filosofia. Existem livros de Nathaniel Branden traduzidos para o português que tratam da sua teoria sobre a psicoepistemologia da autoestima.

SEGURIDADE SOCIAL

Outra situação que seus críticos gostam de usar para detratá-la injustamente diz respeito ao fato de Ayn Rand ter recebido aposentadoria paga pelo governo americano. É evidente que não há nada de imoral nisso, pois Ayn Rand contribuía compulsoriamente para a previdência estatal pagando impostos. Ora, o pagamento que Ayn Rand recebia não era outra coisa senão a restituição dos valores que havia desembolsado antecipadamente por longo tempo. Seria imoral não receber a restituição a que tinha direito pois, afinal de contas, o dinheiro era seu e ao recusar-se a recebê-lo ela estaria incorrendo em autossacrifício.

TABAGISMO

Ayn Rand foi fumante por muitos anos, tendo parado com o hábito, que lhe dava prazer, assim que os estudos conclusivos indicando ser o cigarro cancerígeno foram publicados. Ayn Rand entendia que todo tipo de hábito que afetasse negativamente a saúde era imoral. Foi isso que a fez parar de fumar para preservar não apenas a sua saúde, mas também a sua integridade.

MACARTISMO

Ayn Rand foi muito criticada por sua posição anticomunista quando o congresso americano, por sugestão do senador Joseph McCarthy[25], promoveu inquéritos legislativos com o objetivo de identificar, investigar e julgar profissionais do teatro e cinema envolvidos em atividades antiamericanas. É sabido que a indústria cinematográfica de Hollywood empregava inúmeros intelectuais e artistas acusados de serem filiados ou simpatizantes do Partido Comunista Americano, ou de estarem a serviço da União Soviética.

De fato, a influência dos roteiristas, diretores e atores ligados aos movimentos comunistas ou antiamericanos era enorme, ao ponto dos anos 30 serem conhecidos por "Red Era" (Era Vermelha) e os anos 50 por "Second Red Era" (Segunda Era Vermelha). Ayn Rand, quando serviu de testemunha amigável na Comissão, restringiu-se a condenar que filmes produzidos nos Estados Unidos, incentivados pelo próprio governo americano, descrevessem falsamente a União Soviética como sendo uma sociedade pacífica onde o povo era

---

25. Joseph Raymond McCarthy (Grand Chute, EUA, 1908~Bethesda, Maryland, 1957), político, membro inicialmente do Partido Democrata, e mais tarde do Partido republicano. McCarthy foi senador do estado de Wisconsin entre 1947 e 1957. Em 1950, afirmou ter uma lista dos "membros do Partido Comunista e dos membros de uma rede de espionagem" empregados dentro do Departamento de Estado Americano. Sua atuação acusatória deu origem ao termo macartismo.

feliz. Contudo, ela havia testemunhado que o regime lá vigente era desumano, opressor, que produzia morte e miséria. Sabe-se hoje que o governo americano, tendo produzido o filme *Songs of Russia*, em 1944, poupou os soviéticos de críticas porque estes ainda eram aliados na guerra contra os nazistas.

OS CAMINHOS DA MODERNIDADE

Através dos séculos, existiram homens que deram os primeiros passos, por novas estradas, armados com nada além de sua própria visão[26].

Há milênios, os seres humanos vêm trilhando os mais diversos caminhos na luta pela existência. Desde a primeira revolução agrícola, que marca o início do período Neolítico[27], cerca de 10 a 12 mil anos atrás, até quase o final do século XVIII, pouco antes da Revolução Industrial, no limiar da Era Moderna, as sociedades conviveram com a escassez.

A produção *per capita* de bens colocava cerca de 98% da população mundial abaixo da linha de pobreza, que naqueles tempos significava praticamente uma vida miserável, caracterizada pela elevada mortalidade infantil, reduzida longevidade, fome, doenças, guerras e escravidão.

O comércio era precário, a indústria era incipiente, a mobilidade social inexistia e a perspectiva para um indivíduo comum definir seu futuro era quase uma utopia.

A acumulação de riqueza se dava com a prática da pilhagem, do extrativismo, da exploração do trabalho humano no campo e na cidade, por meio da coerção. Mesmo os que concentravam poder e riqueza – reis, imperadores, generais ou papas – não tinham as facilidades para enfrentar os desafios da existência, que após a Era Moderna parecem banais.

---

26. Excerto do discurso de Howard Roark no livro *A Nascente*, escrito por Ayn Rand, editado e publicado por Bobbs-Merrill Company, Nova Iorque, 1943.
27. Neolítico, do grego *néos*, novo, e *lithos*, pedra, ou "pedra nova", também conhecido por Período da Pedra Polida, é o período histórico que vai aproximadamente do X milênio a.C., com o início da sedentarização e o surgimento da agricultura, ao III milênio a.C., dando lugar à Idade dos Metais.

Na Era Neolítica, além da agricultura, descobertas ou invenções como a pedra polida, a roda, a escrita, ou práticas como a domesticação de animais selvagens, a formação de pequenos aglomerados urbanos, códigos legais, a divisão do trabalho, o uso do dinheiro, o comércio e a navegação, mesmo que de forma simples ou rudimentar para os parâmetros atuais, melhoraram o padrão de vida das sociedades que se formavam, entre elas a egípcia, assíria, sumeriana, fenícia e babilônica.

Na Antiguidade Clássica[28], cerca de 2.600 anos atrás, surgiu a filosofia com Tales de Mileto[29], dando início a uma longa jornada de descobrimentos, inferências e teorias sobre as coisas da realidade, antes representadas na forma de metáforas, parábolas ou fábulas com grande influência mitológica. Depois de Tales, uma sucessão de pensadores se debruçou sobre a realidade buscando entender e explicar a essência, as formas, a necessidade e o objetivo dos concretos, inclusive do ser humano, sua anatomia e sua alma, buscando a sistematização de métodos para a aquisição e verificação do conhecimento, e noções fundamentais sobre metafísica, epistemologia, ética, política e estética – ramos da filosofia que viriam a ser criados por Platão[30] para acomodar as indagações sobre a existência que passaram a ser feitas pelos filósofos gregos, homens de mente inquieta, que lançaram seu olhar sobre a realidade para entendê-la e explicá-la, tendo a ciência e a lógica como seus instrumentos, em vez de recorrerem simplesmente a especulações mitológicas.

Em Atenas, a civilização ocidental realmente começa a ser construída com as indagações socráticas que, consideradas subversivas

---

28. Também chamada de Era Clássica, Período Clássico ou Idade Clássica, é o período da história cultural entre os séculos VIII a.C. e V d.C., centrado no mar Mediterrâneo, compreendendo as civilizações da Grécia antiga e da Roma antiga, conhecidas como o mundo greco-romano.
29. Tales de Mileto (Mileto, Turquia, 624 a.C.~Mileto, Turquia, 546 a.C.), filósofo, matemático, engenheiro, homem de negócios e astrônomo da Grécia Antiga, considerado o primeiro filósofo ocidental. De ascendência fenícia, nasceu em Mileto, antiga colônia grega, na atual Turquia.
30. Platão (Atenas, 427/428 a.C~Atenas, 348/347 a.C.), filósofo e matemático, fundador da Academia em Atenas, a primeira instituição de educação superior do mundo ocidental. Considerado a figura central na história da filosofia ocidental, juntamente com seu mentor, Sócrates, e seu pupilo, Aristóteles.

pela elite ateniense, levam Sócrates à morte por decisão democrática de seus pares.

Das indagações do mestre surgiram e se desenvolveram duas escolas de pensamento antagônicas que iriam escrever a história do homem até os dias de hoje: a escola platônica, que dá primazia à consciência sobre a realidade, que se preocupa com os universais, com o que é abstrato, com o que é intangível; e a escola aristotélica, que dá primazia à realidade sobre a consciência, que se preocupa com os particulares, com o que é concreto. Platão e Aristóteles[31] criaram filosofias completas que apresentam respostas diferentes para as mesmas questões existenciais, tendo cada uma influenciado períodos distintos da história.

Enquanto a Grécia experimentava a democracia, Roma, também de forma inédita, desenvolvia a república. Com a conquista da Grécia por Roma[32], e a transformação desta de uma república em um império, a civilização clássica se encaminhou para seu ocaso com a decadência do Império Romano, que se desintegraria sob seus próprios vícios, estatismo, centralismo, autoritarismo, expansionismo e misticismo.

O grande Império Romano, que dominava a Grã-Bretanha, a Península Ibérica, a Europa Central, o Oriente Próximo e o Oriente Médio desmoronaria gradualmente, sendo tomada literalmente por bárbaros, como os povos nórdicos, germânicos e eslavos, entre eles escandinavos, visigodos, vândalos, francos e hunos. Além deles, tornavam-se cada vez mais influentes os místicos, seguidores dos apóstolos de Cristo que viriam a formar a Igreja Católica Apostólica Romana.

---

31. Aristóteles (Estagira, 384 a.C.~Atenas, 322 a.C.), filósofo fundador da Escola Peripatética e do Liceu, aluno de Platão e professor de Alexandre, o Grande. Juntamente com Platão e Sócrates, Aristóteles é visto como um dos fundadores da filosofia ocidental.

32. Depois de resistir e rechaçar por duas vezes os invasores persas, em 490 a.C. e 479 a.C., nas Guerras Médicas, os gregos entraram em um prolongado processo de conflitos, motivados principalmente pela rivalidade entre Atenas e Esparta, que se enfrentaram na Guerra do Peloponeso, que durou de 431 a.C. até 401 a.C. Em 338 a.C. os macedônios acabaram conquistando a península grega na batalha de Queronéia. Em 146 a.C., após a batalha de Corinto, a região se torna um protetorado da República de Roma. Em 27 d.C., depois de quase cinco séculos, Roma deixa de ser uma república, tornando-se um império. Em 22 d.C., a Grécia é transformada por Augusto em uma província do Império Romano.

Com o ocaso da Era Clássica e a ascensão do misticismo, agora institucionalizado na conjunção da Igreja e do Estado, a escola aristotélica cai no esquecimento e a escola platônica, coerente com os novos tempos, passa a ter hegemonia, que se estende por toda a Idade Média[33], servindo aos argumentos dos teólogos cristãos[34], chamados de neoplatonistas, como sempre fizeram com todo tipo de pensador místico desconectado da realidade objetiva.

Assim se inicia um dos mais tenebrosos períodos da história, que durou aproximadamente mil anos, sendo conhecido apropriadamente por Idade das Trevas. As ideias que levaram a essa tragédia milenar promoviam a fé, a obediência e submissão à Igreja, ao senhor feudal ou ao Estado ao qual ela estava associada.

O que se difundia era a existência de um mundo superior, acessível apenas aos abnegados que se autoimpunham o sacrifício; para quem a fé na palavra de Deus e de seus apóstolos era suficiente para saciar as demandas do corpo e da alma; para quem o altruísmo era virtuoso e a ganância era pecaminosa.

A grande preocupação do ser concentrava-se numa suposta vida após a morte, com um improvável reino sobrenatural de onde revelações divinas ditavam como os seres humanos deviam viver para não serem queimados no inferno.

A filosofia aristotélica, que divergia da visão platônica do mundo, ressurgiu no limiar da Idade Média com os trabalhos de três religiosos que perceberam a importância da razão como instrumento vital.

As ideias contidas nos escritos do filósofo estagirita foram fundamentais para trazer a humanidade de volta à luz, como havia experimentado no período clássico. Foi no século XI, por meio dos

---

33. A Idade Média, ou Medieval, é o período da história da Europa entre os séculos V e XV. Inicia-se com a Queda do Império Romano Ocidental e termina durante a transição para a Idade Moderna.
34. "O período medieval, sob a influência de filósofos como Plotino e Agostinho, foi uma era dominada pelo platonismo. Durante grande parte desse período, a filosofia de Aristóteles era quase desconhecida no Ocidente". Cf. PEIKOFF, Leonard. *The Ominous Parallels: The End of Freedom in America*. Nova Iorque: Stein and Day, 1982, p. 30.

trabalhos interpretativos de Maimônides[35], um judeu, e Averróis[36], um muçulmano, ambos filósofos, teólogos e juristas, que viveram na mesma época e na mesma cidade, Córdoba, na Espanha, que Aristóteles volta a participar da cena cultural e acadêmica como um de seus mais importantes protagonistas.

Mais tarde, no século XIII, o frade dominicano Tomás de Aquino[37], com base nos estudos críticos que fez da obra de Aristóteles, traça a fronteira entre a religião e a razão, o que, se de um lado dá sobrevida à doutrina cristã, por outro abre a porta para o Renascimento[38].

Na Renascença, o homem é recolocado no centro do universo, concomitantemente com um retorno à realidade e à razão que iria permitir aos pensadores voltarem seu olhar para o indivíduo, sujeito e objeto da ação humana.

A cultura renascentista, que teve em Leonardo da Vinci[39] e Galileu Galilei[40] seus maiores expoentes, torna-se hegemônica, expande-se pela Europa a partir de Florença e serve de estopim para o movimento intelectual que viria mais tarde e que a sucede, o Iluminismo.

---

35. Maimônides (Córdoba, Espanha, 1135~Cairo, Egito, 1204), nascido Moisés ben Maimom, também era conhecido pelo acrônimo Rambam. Foi estudante do Talmude, tornando-se rabino, médico e filósofo.
36. Averróis (Córdoba, Espanha, 1126~Marraquexe, Marrocos, 1198), nascido Abu Alualide Maomé ibne Amade ibne Maomé ibne Ruxide. Seus trabalhos sobre Aristóteles deram-lhe o apelido de "O Comentador". Além de filósofo, trabalhou como juiz e médico.
37. Tomás de Aquino (Roccasecca, Itália, 1225~Fossanova, Itália, 1274) foi um frade católico da Ordem dos Dominicanos. Teve enorme influência na teologia e na filosofia, principalmente na tradição Escolástica. Sintetizou as ideias de Aristóteles, a quem ele se referia como "o Filósofo", com os princípios do cristianismo. Suas obras mais conhecidas são a *Suma Teológica* e a *Suma contra os Gentios*.
38. "Renascença" identifica o período da história da Europa entre meados do século XIV e o fim do século XVI. Promoveu transformações fundamentais na cultura, nas artes, na filosofia, nas ciências, na economia, na política e na religião. O conceito de "Renascimento" deve-se ao resgate das ideias da Antiguidade Clássica. O movimento surgiu em Florença e Siena, difundindo-se pela Europa Ocidental, impulsionado pela imprensa e pela circulação de artistas e suas obras.
39. Leonardo da Vinci (Anchiano, Itália, 1452~Amboise, França, 1519) foi uma das figuras mais importantes da Renascença. Destacou-se como cientista, matemático, engenheiro, inventor, anatomista, pintor, escultor, arquiteto, botânico, poeta e músico.
40. Galileu Galilei (Pisa, Itália, 1564~Florença, 1642) foi um astrônomo, físico e engenheiro florentino. Conhecido como "pai da ciência moderna", foi condenado e preso pela Igreja em 1633 como herege por defender as teorias heliocêntricas de Copérnico.

Esses tempos de mudança não ocorreram sem percalços. Entre os séculos XIV e XVI, com maior intensidade, perseguições e guerras religiosas ocorriam a todo momento e em larga escala. É o caso da Inquisição, ação violenta promovida pela Igreja Católica e pelos reis que governavam a Península Ibérica contra judeus e muçulmanos, que acabaram sendo obrigados a se converter ao cristianismo ou a emigrar. Dezenas de milhares acabaram sendo torturados e mortos.

No século XVI, ainda como consequência da revolução cultural promovida pelo Renascimento, o movimento reformista protestante provoca um cisma, dividindo o cristianismo doutrinariamente com base nas ideias de Lutero[41] e Calvino[42], que rejeitavam o ideal católico de glorificação da pobreza e a condenação veemente da usura e do lucro. Os sinais de virtude para Calvino não excluíam a prosperidade material, pelo contrário.

No final do século XVII, a distinção que Tomás de Aquino estabeleceu entre a religião e a razão influenciou os pensadores britânicos Francis Bacon[43] e Isaac Newton[44], precursores do empirismo, no desenvolvimento de uma filosofia da ciência pura e aplicada com base na experiência, combatida por aquele que viria a ser considerado o pai

---

41. Martinho Lutero (Eisleben, 1483~Eisleben, 1546) foi um monge agostiniano e professor de teologia germânico, que se tornou uma das figuras centrais da Reforma Protestante. Condenou os dogmas do catolicismo romano, contestando o comércio das indulgências, o que o fez publicar suas famosas 95 Teses em 1517. Acabou excomungado pela Igreja Romana e condenado como um fora-da-lei pelo imperador do Sacro Império Romano Germânico.
42. João Calvino (Noyon, França, 1509~Genebra, Suíça, 1564) foi um teólogo, líder religioso e escritor cristão francês. Considerado como um dos principais líderes da Reforma Protestante, influenciou a teologia cristã, a vida social, a política e o sistema econômico de diversos países, com forte impacto na formação do mundo moderno.
43. Francis Bacon (Londres, Inglaterra, 1561~Londres, Inglaterra, 1626) foi um político, filósofo empirista, cientista, ensaísta inglês. Considerado um dos fundadores da Revolução Científica. Como filósofo, destacou-se com uma obra onde a ciência era exaltada como benéfica para o homem. Ocupou-se da metodologia científica e do empirismo, sendo muitas vezes chamado de "fundador da ciência moderna". Sua principal obra filosófica é o *Novum Organum*, publicada em 1620.
44. Isaac Newton (Woolsthorpe-by-Colsterworth, Inglaterra, 1642~Kensington, Inglaterra, 1727) foi um matemático, físico, astrônomo, teólogo e autor inglês, reconhecido como um dos cientistas mais influentes de todos os tempos, figura-chave na Revolução Científica. Seu livro *Philosophiæ Naturalis Principia Mathematica [Princípios Matemáticos da Filosofia Natural]*, publicado em 1687, lançou as bases da mecânica clássica.

da filosofia moderna, o racionalista, René Descartes[45], que, na linha de Platão, Plotino[46] e Agostinho[47], defendia a primazia da consciência sobre a realidade.

Outro importante empirista influenciado pelos novos tempos foi John Locke[48], defensor da ideia de que a mente humana era *tabula rasa*, desprovida portanto de conhecimento e moral inatos. Locke dedicou-se a revisar aspectos éticos e políticos para defender a separação entre a religião e o Estado, objetivando um ambiente de tolerância e respeito às consciências discordantes. Além disso, desenvolveu uma teoria do Estado na qual enfatiza o papel do governo na defesa dos direitos individuais inalienáveis, entre outras teses que mais tarde foram adotadas por serem necessárias para a vida em sociedade.

---

45. René Descartes (La Haye en Touraine, França, 1596~Estocolmo, Suécia, 1650) foi um filósofo, físico e matemático francês. Reconhecido por seu trabalho revolucionário na filosofia, na ciência, e na matemática por sugerir a fusão da álgebra com a geometria, criando a geometria analítica e o sistema de coordenadas que hoje leva o seu nome. Foi uma das figuras-chave na Revolução Científica, sendo chamado de "o fundador da filosofia moderna" e o "pai da matemática moderna", tendo inaugurado o racionalismo da Idade Moderna.
46. Plotino (Licópolis, Egito, 205~ Licópolis, Egito, 270) foi um dos principais filósofos de língua grega do mundo antigo. Seu professor Amônio Sacas era da tradição platônica. Os historiadores do século XIX cunharam o termo "neoplatonismo", que foi aplicado a ele e à sua filosofia, muito influente durante toda a Antiguidade tardia. Muitas das informações biográficas sobre Plotino vêm de seu discípulo Porfírio, que escreveu o prefácio da sua edição das *Enéadas*.
47. Agostinho de Hipona ou Santo Agostinho (Souk Ahras, Argélia, 354~Annaba, Argélia, 430) foi um dos mais importantes teólogos e filósofos nos primeiros séculos do cristianismo, sendo considerado o mais importante dos Padres da Igreja no ocidente. Suas obras-primas são *De Civitate Dei [A Cidade de Deus]* e *Confissões*. Foi muito influenciado pelo maniqueísmo e, logo depois, pelo neoplatonismo de Plotino. Acreditando que a graça de Cristo era indispensável para a liberdade humana, ajudou a formular a doutrina do pecado original e deu contribuições seminais ao desenvolvimento da doutrina da guerra justa. Quando o Império Romano do Ocidente começou a ruir, Agostinho desenvolveu o conceito de "Igreja Católica" como uma "Cidade de Deus" espiritual, distinta da cidade terrena e material de mesmo nome.
48. John Locke (Wrington, Inglaterra, 1632~Harlow, Inglaterra, 1704) foi um filósofo inglês, conhecido como o "pai do liberalismo". Considerado o principal representante do empirismo britânico e um dos principais teóricos do contrato social, da liberdade e da tolerância religiosa. Pregou a teoria da *tabula rasa* numa crítica à doutrina das ideias inatas de Platão. Estudou medicina, ciências naturais e filosofia em Oxford. Em 1683, refugiou-se nos Países Baixos ao ser acusado de traição. Voltou à Inglaterra quando William de Orange subiu ao trono, em 1688. Em 1689-1690 publicou as suas primeiras obras: *Carta sobre a Tolerância*, *Ensaio sobre o Entendimento Humano* e *Dois Tratados sobre o Governo Civil*.

Vivendo na Holanda como refugiado por questões religiosas e políticas, Locke influenciou William de Orange[49], o *stadtholder* ou regente que governava os Países Baixos. William era casado com Mary Stuart, filha do rei James II da Inglaterra e herdeira do trono. Instigado por nobres ingleses insatisfeitos com os caminhos da realeza britânica, William de Orange resolve intervir na política britânica, iniciando e vencendo a Revolução Gloriosa que culmina, em 1688, com sua ascensão ao trono da Inglaterra, junto com Mary Stuart, depois de ter destituído seu sogro.

Em 1689, William de Orange e Mary Stuart outorgaram ao parlamento inglês o mais importante documento da história da Inglaterra desde a Magna Carta[50]: a Declaração de Direitos[51], documento que assegurou aos indivíduos uma série de direitos que até então lhes eram negados.

A partir de meados do século XVIII, a ideia da construção de uma república constitucional mobilizou a aristocracia americana, formada por uma elite de fazendeiros, políticos e juristas, versada nos escritos aristotélicos, tomistas e lockeanos, e que reclamava que as colônias americanas pagavam impostos para a corte inglesa e eram

---

49. William III (Haia, Holanda, 1650~Londres, Inglaterra, 1702) foi Príncipe de Orange e *stadtholder* da Holanda, Zelândia, Utreque, Guéldria e Overissel da República dos Países Baixos como William III de 1672 até sua morte, Rei da Inglaterra e Irlanda como Guilherme III e Rei da Escócia como William II a partir de 1689. William foi instado a invadir a Inglaterra por um grupo influente de políticos e religiosos, evento que ficou conhecido como a "Revolução Gloriosa". Desembarcou em Brixham em novembro de 1688 e depôs James, tornando-se soberano junto com Mary. Reinaram juntos como comonarcas até a morte dela em dezembro de 1694, depois do que William permaneceu como o único monarca. Seu reinado marcou a transição entre os governos absolutistas dos Stuart e os governos parlamentares da Casa de Hanôver.

50. Magna Carta é o documento de 1215 que limitou o poder dos monarcas da Inglaterra, especialmente do rei João, que o assinou, impedindo assim o exercício do poder absoluto. Resultou de desentendimentos entre João, o Papa e os barões ingleses acerca das prerrogativas do soberano. Segundo os termos da Magna Carta, o rei deveria renunciar a certos privilégios e respeitar determinados procedimentos legais, como o *habeas corpus*, o devido processo legal que instituía o julgamento dos nobres por seus pares. Considera-se a Magna Carta o primeiro capítulo de um longo processo histórico que levaria ao surgimento do constitucionalismo.

51. A Declaração de Direitos de 1689 é um marco na lei constitucional da Inglaterra, ao estabelecer certos direitos civis básicos. Estabelece limites aos poderes do monarca e direitos do Parlamento, como eleições livres e regulares, liberdade de expressão para os parlamentares, certos direitos aos indivíduos, incluindo a proibição de punições cruéis e incomuns, e confirma que protestantes podem ter armas para sua defesa, o que antes era negado.

governadas por um parlamento sem que estivessem representadas como súditos da monarquia.

Não tendo suas demandas atendidas, resolvem convocar o povo para formar uma milícia e colocar em andamento a Revolução Americana[52], deflagrada em 1776 com a Declaração de Independência[53].

Vitoriosas, as colônias americanas se reuniram formando os Estados Unidos da América, cuja Constituição[54] foi promulgada,

---

52. A Revolução Americana de 1776 teve suas raízes na assinatura do Tratado de Paris, que, em 1763, finalizou a Guerra dos Sete Anos entre potências europeias lideradas, de um lado, pela França, e, de outro, pela Grã-Bretanha. Ao final do conflito, o território do Canadá foi incorporado pela Grã-Bretanha. Neste contexto, as treze colônias existentes no território americano, começaram a ter seguidos e crescentes conflitos com a metrópole britânica, pois, devido aos enormes gastos com a guerra, a metrópole aumentou a exploração sobre essas áreas. Constituiu-se em batalhas desfechadas contra o domínio britânico. Movimento de ampla base popular, teve como principal motor a burguesia colonial e levou à proclamação, no dia 4 de julho de 1776, da independência das Treze Colônias e a formação dos Estados Unidos da América, primeiro país dotado de uma constituição política escrita e codificada, e ainda em uso.

53. A Declaração de Independência dos Estados Unidos da América foi o documento no qual as Treze Colônias, Carolina do Norte, Carolina do Sul, Connecticut, Delaware, Geórgia, Rhode Island, Massachusetts, Maryland, New Hampshire, Nova Iorque, Nova Jersey, Pensilvânia e Virgínia se unem para declarar sua independência da Grã-Bretanha. O texto, que trazia também as justificativas para o ato, foi ratificado pelo Segundo Congresso Continental, em 4 de julho de 1776, na Pennsylvania State House (hoje, Independence Hall), na cidade de Filadélfia. Um comitê de cinco pessoas foi nomeado pelo Congresso para redigir a declaração. Thomas Jefferson foi o responsável pelo primeiro rascunho do texto. John Adams, Benjamin Franklin, Roger Sherman e Robert R. Livingston, integrantes do grupo, sugeriram modificações. Neste documento encontramos umas das frases mais importantes da história do direito, que diz: "Consideramos estas verdades como autoevidentes, que todos os homens são criados iguais, que são dotados pelo Criador de certos direitos inalienáveis, que entre estes estão a vida, a liberdade e a busca da felicidade".

54. A Constituição dos Estados Unidos da América é a lei suprema daquele país. Originalmente composta por sete artigos, convenciona que o governo federal está dividido em três ramos: o Poder Legislativo, que consiste no Congresso Bicameral; o Poder Executivo, constituído pelo Presidente e pelo Vice-presidente; e o Poder Judiciário, que consiste no Supremo Tribunal e outros tribunais federais. Os Artigos Quatro, Cinco e Seis definem os conceitos do federalismo, que descrevem os direitos e responsabilidades dos governos estaduais e dos estados em relação ao governo federal. O Sétimo Artigo estabelece o procedimento posteriormente utilizado pelos treze estados para ratificá-la. Desde que entrou em vigor em 1789, foi alterada vinte e sete vezes. Em geral, as dez primeiras emendas, conhecidas como *Bill of Rights* ou "Carta de Direitos", oferecem proteções específicas de liberdade individual, inclusas a religiosa e de justiça, além de restringir os poderes do governo.

em nome do povo, em 1790. A Declaração de Independência e a Constituição dos Estados Unidos da América com suas emendas são monumentos concretos construídos com a genialidade de homens como Thomas Jefferson[55], Benjamin Franklin[56], John Adams[57] e

---

55. Thomas Jefferson (Shadwell, EUA, 1743~Charlottesville, EUA, 1826), fazendeiro, filósofo, político, inventor, arqueólogo, diplomata. Jefferson foi um homem do Iluminismo. Foi o principal autor da Declaração de Independência sendo um dos mais influentes Founding Fathers ["Pais Fundadores"] dos Estados Unidos da América. Foi seu terceiro presidente (1801-1809). Entre os eventos de destaque da história americana que ocorreram durante sua presidência estão a Compra da Louisiana (1803) e a Expedição de Lewis e Clark (1804-1806), bem como a escalada das tensões entre a Grã-Bretanha e a França, que levaram à guerra com o Império Britânico em 1812, ano em que deixou o cargo. Apoiava a separação entre Igreja e Estado e foi o autor do Estatuto da Virgínia para Liberdade Religiosa (1779, 1786). Epônimo da democracia jeffersoniana, foi cofundador e líder do Partido Democrata-Republicano, que dominou a política dos Estados Unidos por 25 anos. Jefferson serviu como governador da Virgínia durante um período de guerra (1779-1781), foi o primeiro secretário de Estado dos Estados Unidos (1789-1793) e segundo vice-presidente dos Estados Unidos (1797-1801).
56. Benjamin Franklin (Boston, EUA, 1706~Filadélfia, EUA, 1790) foi jornalista, cientista, político, diplomata e criou a Universidade da Pensilvânia, entre outras iniciativas públicas e filantrópicas. Era um abolicionista atuante. Foi um dos líderes da Revolução Americana, conhecido por suas citações e experiências com a eletricidade. Foi ainda o primeiro embaixador dos Estados Unidos em França. Deísta, tornou-se uma figura representativa do Iluminismo, além de ser maçom.
57. John Adams (Braintree, EUA, 1735~Quincy, EUA, 1826), advogado, político e diplomata, foi segundo presidente dos Estados Unidos da América (1797–1801) e, anteriormente, seu primeiro vice-presidente na gestão de George Washington. Sendo um dos Founding Fathers de maior relevância, teve atuação importante no período da independência americana da Grã-Bretanha. Teórico político do Iluminismo, como os demais pais fundadores, divulgou o republicanismo, tal como o conceito de um governo central, e escreveu várias obras sobre suas ideias, tanto em trabalhos publicados como em cartas para a sua esposa e conselheira Abigail Adams. Foi, como delegado de Massachusetts no Congresso Continental, um dos que convenceu o Congresso a declarar a independência. Ajudou Thomas Jefferson a elaborar a Declaração da Independência em 1776, e foi um dos seus principais defensores. Mais tarde, como diplomata na Europa, ajudou a negociar o provável tratado de paz com a Grã-Bretanha, e foi responsável por obter importantes empréstimos governamentais dos banqueiros de Amsterdam. Teórico político e historiador, Adams redigiu grande parte da Constituição de Massachusetts em 1780, a qual, juntamente com o seu *Thoughts on Government* [*Pensamentos sobre o Governo*], influenciou o pensamento político americano.

James Madison[58], e a coragem de bravos guerreiros como George Washington[59], que tornaram possível a vida em sociedade com o instituto do Império da Lei, ordem jurídica criada para proteger a livre iniciativa, a propriedade privada e o livre mercado, a partir da defesa dos direitos individuais, acabando com o arbítrio e a exploração do homem pelo homem com o uso da força.

Casualmente, no mesmo ano em que a Declaração de Independência era lançada na América, Adam Smith[60] publicava sua obra-prima, *Uma Investigação sobre a Natureza e as Causas da Riqueza das Nações*, que descrevia, sob o ponto de vista consequencialista, as benesses do sistema capitalista.

---

58. James Madison, Jr. (Port Conway, EUA, 1751~ Orange, EUA 1836), advogado e político, foi um dos mais importantes Founding Fathers dos Estados Unidos da América. É considerado o "pai da Constituição Americana", tendo, em 1789, como líder da Câmara dos Representantes, elaborado várias leis básicas, inclusive as primeiras dez emendas da Constituição dos Estados Unidos, conhecidas como *Bill of Rights*. Foi o quarto presidente dos Estados Unidos, entre 1809 e 1817. Era fazendeiro em Montpelier, na Virgínia. Serviu como membro da Câmara de Delegados da Virgínia e membro do Congresso Continental antes da Convenção Constitucional. Após a Convenção, tornou-se um dos líderes do movimento de ratificação da Constituição, tanto na Virgínia como em nível nacional. Com Alexander Hamilton e John Jay publicou ensaios em *O Federalista*, uma das mais importantes dissertações a favor da Constituição. Madison e Thomas Jefferson criaram o Partido Democrata-Republicano. Em resposta às *Alien and Sedition Acts* [*Leis de Estrangeiros e de Sedição*], que consideravam uma aberração, Jefferson e Madison criaram as Resoluções de Kentucky e da Virgínia, nas quais argumentam que os Estados têm poder para anular leis inconstitucionais. Madison foi também o responsável por reconhecer e proteger o direito à propriedade intelectual.

59. George Washington (Westmoreland, EUA, 1732~Mount Vernon, EUA, 1799), líder político, militar e estadista. Um dos Pais Fundadores dos Estados Unidos da América e seu primeiro presidente, de 1789 a 1797. Liderou o exército revolucionário na Guerra de Independência. Presidiu a Convenção Constitucional de 1787, que elaborou a Constituição e estabeleceu o governo federal. É considerado o "Pai da Pátria" por sua liderança na formação dos Estados Unidos.

60. Adam Smith (Kirkcaldy, Escócia, 1723~Edimburgo, Escócia, 1790), filósofo e economista, é considerado o "pai da economia moderna". Um iluminista, sua obra *Uma Investigação sobre a Natureza e a Causa da Riqueza das Nações* tornou-o o "pai do liberalismo econômico". Demonstrou que a riqueza das nações resulta da ação de indivíduos que, movidos pelo seu próprio interesse, promovem o crescimento econômico e a inovação tecnológica. Ao afirmar que "não é da benevolência do padeiro, do açougueiro ou do cervejeiro que eu espero que saia o meu jantar, mas sim do empenho deles em promover seu autointeresse", descreveu o que seria o capitalismo.

Adam Smith defendia o capitalismo dizendo que, apesar de seu funcionamento se basear no interesse egoísta de indivíduos que buscavam o lucro pessoal, o resultado para a sociedade era positivo, e por isso seria moral.

Num contexto diverso, as ideias iluministas, com Voltaire[61] e Diderot[62], e contrailuministas, com Rousseau[63], se não tiveram um papel decisivo, criaram o ambiente propício que instigou os franceses a derrubarem o antigo regime monárquico absolutista.

Em 1789, iniciando com a Queda da Bastilha[64], eclode a Revolução Francesa, que de movimento aristocrático e depois burguês e liberal, passa a ser um levante anárquico popular que descamba em um processo autofágico caracterizado pelo terror, fazendo ressurgir um governo autoritário e expansionista, liderado por Napoleão Bonaparte[65], que se declara imperador, levando a França à guerra de conquista até ser derrotado pela Inglaterra na Batalha de Waterloo, em 1815.

Influenciado pelo Iluminismo, por onde passava Napoleão impunha medidas liberalizantes, porém, de forma contraditória, por meio do seu poder bélico impiedoso e centralizador.

---

61. François-Marie Arouet, mais conhecido como Voltaire (Paris, França, 1694~Paris, França, 1778). Escritor, ensaísta, deísta e filósofo iluminista. Veemente defensor da liberdade religiosa e do livre comércio. Dirigia duras críticas aos reis absolutistas e aos privilégios do clero e da nobreza. Por isso, foi preso duas vezes e acabou refugiando-se na Inglaterra para não ser preso novamente.

62. Denis Diderot (Langres, França, 1713~Paris, França, 1784), filósofo e escritor iluminista, foi cofundador, editor-chefe e contribuidor da *Encyclopédie*, onde buscou reportar todo o conhecimento produzido pela humanidade até sua época. A obra levou 21 anos para ser editada, e é composta por 28 volumes.

63. Jean-Jacques Rousseau (Genebra, Suíça, 1712~Ermenonville, França, 1778) foi um importante filósofo, teórico político, escritor e compositor autodidata. Sua filosofia política influenciou e se opôs ao Iluminismo, sendo considerado o primeiro pensador romântico e contrailuminista de relevância. Seus seguidores mais ardorosos foram os jacobinos, que prevaleceram como força política durante a Revolução Francesa, instalando o regime do Terror. Influenciou Kant, Marx e toda a linhagem de pensadores coletivistas estatistas.

64. Prisão onde inimigos políticos do rei eram mantidos cativos. Servia também de depósito de armas e pólvora. Os revoltosos soltaram os presos ali existentes e tomaram o armamento lá depositado, para insurgir-se contra as tropas reais.

65. Napoleão Bonaparte (Ajaccio, França, 1769~Longwood, Santa Helena, 1821), estadista e líder militar, destacou-se na Revolução Francesa. Foi imperador dos franceses como Napoleão I de 1804 a 1814.

Na Alemanha, o Iluminismo segue uma linha própria traçada por pensadores como Kant[66], Fichte[67] e Hegel[68], com seu idealismo alemão, que na tentativa de criticarem a razão acabam desenvolvendo ideias estapafúrdias, como imaginar que a identidade dos concretos é inatingível pela mente humana, o que leva à negação dos próprios axiomas da existência, da identidade e da consciência, abrindo a porta para construções ideológicas impregnadas de platonismo, subjetivismo, culto à autoridade, à obediência e ao dever, que deram origem e nutrem ideologias tão nefastas como o comunismo, o fascismo e o nazismo.

Apesar do resgate do pensamento aristotélico promovido por Maimônides, Averróis e Tomás de Aquino, na Europa Continental a filosofia platônica voltou a predominar. A religião, apesar das reformas, se manteve intacta, ganhando, no entanto, a companhia das ideologias que se desenvolveram a partir da filosofia e do pensamento kantiano. Não fosse pelos movimentos iluministas que se desenvolveram na Holanda, no Reino Unido e nos Estados Unidos da América, Aristóteles teria sido enterrado mais uma vez.

---

66. Immanuel Kant (Königsberg, Alemanha, 1724~Königsberg, Alemanha, 1804), principal filósofo da era moderna, buscou sintetizar o racionalismo continental e o empirismo inglês. Estudou filosofia, física e matemática na Universidade de Königsberg, e em 1755 começou a lecionar Ciências Naturais. Criou a doutrina do idealismo transcendental, que diz ser o homem portador de formas e conceitos *a priori*. A filosofia kantiana é uma das fontes do relativismo conceptual que dominou a vida intelectual do século XX. Ayn Rand qualificou-o como o mais maligno homem da história.
67. Johann Gottlieb Fichte (Rammenau, Alemanha, 1762~Berlim, Alemanha, 1814) filósofo pós-kantiano e o primeiro dos grandes idealistas alemães. Sua obra é uma ponte entre as ideias de Kant e as de Hegel. Como Descartes e Kant, era um subjetivista. Foi um dos fundadores do nacionalismo germânico, o que o vinculava ao pangermanismo, doutrina-base do nazismo, que dominou a Alemanha a partir de 1933.
68. Georg Wilhelm Friedrich Hegel (Stuttgart, Alemanha, 1770~Berlim, Alemanha, 1831), filósofo. Sua obra principal é a *Fenomenologia do Espírito*. Hegel fazia parte do Idealismo Alemão, movimento filosófico do século XVIII e início do XIX, no qual se estabeleceram discussões a partir da obra *Crítica da Razão Pura*, de Immanuel Kant. Desenvolveu um sistema filosófico que denominou "Idealismo Absoluto". Influenciou muitos autores, entre outros Feuerbach, Stirner, Marx, Dewey, Fukuyama e Žižek. Era fascinado pelas obras de Spinoza, Kant e Rousseau, assim como pela Revolução Francesa.

Encerrava-se assim a Era Moderna, cuja gênese ocorrera cerca de trezentos anos antes, com as Grandes Navegações e a conquista de Constantinopla, antiga capital do Império Bizantino[69], pelos otomanos.

Há poucos séculos, desde o final da Era Moderna e com todas as transformações que ocorreram no modo de enxergar o universo, em todos os seus aspectos, a humanidade passou a ter acesso a níveis de vida jamais imaginados, com aumento populacional e de produtividade em escala geométrica, diferentemente do que pregavam muitos economistas, cujos prognósticos apontavam para uma escassez insuperável que levaria até ao desaparecimento da nossa espécie.

Ocorre que, com a Revolução Industrial, nunca vivemos com tal longevidade, com tanta saúde, com tanta abundância, que nos legaram uma situação de impressionante prosperidade e felicidade. O atingimento desses padrões de vida não ocorreu ao acaso, foi fruto de uma série de fatores, mas certamente, nenhum dos que podemos elencar foi mais importante do que o reconhecimento de que somos seres racionais, dotados de direitos individuais inalienáveis.

A Revolução Industrial, que se seguiu à Revolução Gloriosa e à Revolução Americana, e que mais recentemente desaguou na Revolução Digital, tem como causa a sistematização de processos industriais inovadores, que permitiram ao homem atingir níveis de produtividade inimagináveis. Sim, o desenvolvimento tecnológico permitiu o avanço da industrialização e do comércio, da criação de valor e de riqueza, da substituição dos modelos feudais mercantilistas, que se baseavam no colonialismo, no extrativismo predatório e na pilhagem, pelo sistema capitalista de cooperação e trocas voluntárias no mercado, para a criação de valor.

No entanto, é preciso destacar que o que permitiu a inovação e a formação das cadeias produtivas consequentes foi a institucionalização da propriedade intelectual, corolário do direito à vida, à liberdade, à propriedade e à busca da felicidade que todo indivíduo possui de forma inalienável.

---

69. O Império Bizantino, ou Império Romano do Oriente, cuja capital era Constantinopla, atual Istambul, existiu por mais de mil anos, de 395 até sua conquista pelos turcos otomanos em 1453.

O PARADOXO DA MODERNIDADE

Eles não querem possuir a sua fortuna, eles querem que você a perca; eles não querem ter sucesso, eles querem que você fracasse; eles não querem viver, eles querem que você morra; eles não desejam nada, eles odeiam a existência, e eles continuam correndo, cada um tentando não aprender que o objeto de seu ódio é ele mesmo...[70]

A constituição americana, com suas emendas, com todos os defeitos que possui, é o marco indelével que nos foi legado pelos homens que viveram e fizeram da Era Moderna um período de gigantescas transformações. Infelizmente, esse legado de conquistas institucionais, que chamamos de capitalismo, e que nos trouxe avanços científicos, tecnológicos e econômicos, veio acompanhado de um paradoxo psicoepistemológico, o mesmo que acompanha a humanidade desde os primórdios, mas que ganha dimensão compatível com o desenvolvimento econômico e social que atingimos. Ora, quanto mais produzimos riqueza, maior é a desigualdade e menor é a pobreza.

O paradoxo da modernidade nos coloca, ao mesmo tempo, perante os resultados da ação virtuosa dos indivíduos criadores de valor e de riqueza, aqueles que usam a razão, em um ambiente de liberdade, para lucrar melhorando a vida da humanidade em todos os aspectos e em todos os lugares por onde o capitalismo passou.

Por outro lado, o desenvolvimento econômico, a abundância e o enriquecimento, que mesmo sendo generalizado ocorre em diferentes proporções, tendo em vista a desigualdade que nos é peculiar, nos deixa face a face com a mais imoral das manifestações psicoepistemológicas que alguém pode nutrir: a cultura da inveja e do ódio. Inveja do sucesso

---

70. Excerto do discurso de John Galt em *A Revolta de Atlas*, de Ayn Rand. Editado e publicado originalmente por Random House, Nova Iorque, 1957.

que aqueles homens virtuosos alcançaram ao realizar seus propósitos, e o ódio contra os que são bons, por serem bons.

A modernidade que produziu o bem ao incrementar o padrão de vida da humanidade, instigou, como efeito colateral, como externalidade negativa e indesejável, o mal que prospera nas almas de pessoas ressentidas pela falta de autoestima, pela falta de racionalidade, pela falta de senso de justiça, pela falta do verdadeiro sentimento de gratidão.

Os virtuosos criadores de valor são a essência do capitalismo; seus oponentes, aqueles que preferem sofrer, desde que toda a humanidade sofra com eles, são os defensores do socialismo, o sistema político e econômico criado a partir da inveja e do ódio, fundado sobre a ética do coletivismo e do altruísmo, sendo aplicado por meio da coerção do Estado, resultando na opressão, na destruição, na miséria e na morte.

A era moderna nutriu no seu seio a era da inveja, e esta dividiu a sociedade entre os que têm valor e os que têm inveja e ódio por não terem aquilo que veem e cobiçam, mas não se capacitam para obter sem o uso da força ou de fraude.

Se é autoevidente, se é um dado da realidade que o capitalismo é incomparavelmente superior ao socialismo, em todas as suas formas, para entregar os resultados econômicos que desejamos, por que então, como defensores do capitalismo, continuamos perdendo a luta nos campos político, cultural e ideológico? Porque desde pequenos ouvimos insistentemente de nossos pais ou mestres a advertência de que devemos ser altruístas, de que devemos renunciar ao que é nosso, sacrificando-nos em favor de terceiros porque ser egoísta é feio, porque ser ganancioso é um pecado, porque colocar a nossa vida sobre a vida dos outros é imoral, porque é uma virtude colocar-se de joelhos, submetendo-se a qualquer outra vontade que não a do nosso ego.

Existe a tendência natural das crianças serem doutrinadas com os princípios, valores e ideias que seus pais e mestres adquiriram, e assim sucessivamente. Essa doutrinação abastece, desde tenra idade, nosso subconsciente com um repositório de valores que serão instigados quando tivermos que agir ou reagir perante as coisas da realidade, tomando decisões que dizem respeito à nossa própria vida ou à vida dos outros, no contexto social.

Há culturas, entre as quais a nossa aqui no Brasil, nas quais essa quase compulsão em detratar o egoísmo advém da falácia usual de ver o egoísmo como a busca pelo lucro a qualquer custo, entre os quais o uso da força, da fraude ou de intimidação.

A doutrinação a que me refiro, e a insistência em aplicá-la, faz parte da cultura porque pais ou mestres, em geral, só podem ensinar aquilo que aprenderam, mantendo assim um ciclo de formação de seres que pensam da mesma maneira, independentemente da geração a que pertencem. Isso só vai mudar quando alguém der início a um movimento contracultural como aqueles que vimos na história, e que acabaram revolucionando de forma pacífica ou belicosa a maneira das sociedades pensarem filosoficamente.

Quantas vezes ouvimos que deveríamos ceder nossos brinquedos a outras crianças, principalmente, quando elas tentam tirá-los de nós, intimidando-nos com o uso da força ou chantagem emocional? Em nossa infância e adolescência inteiras assistimos isso acontecer nos parques, nas escolas, nos filmes, nas histórias infantis e peças teatrais.

É uma cultura a produzir ressentidos e abnegados sem autoestima e sem vontade para criar, produzir para alcançar a própria felicidade. Aqueles que conseguem têm uma dívida para com a sociedade, e o preço a pagar, se não for devolver a fortuna que amealharam moral e justamente, é sofrer experimentando culpa, ressentimentos, humilhação. É assim, inculcando na mente dos seres humanos desde a infância a ética do sacrifício, que se combate, mesmo involuntariamente, o capitalismo nos seus fundamentos. É assim que se inicia o processo de construção de uma sociedade coletivista, onde a cultura do altruísmo embasa a luta por uma suposta justiça social, com dois fortes apelos: o assistencialismo e o igualitarismo.

O assistencialismo prega que as pessoas são detentoras de "direitos" sobre o que não possuem, e que, obviamente, serão atendidos pelos demais por meio do uso da força ou do convencimento à prática do autossacrifício por aqueles que renunciam aos seus valores para entregá-los a quem nada fez para merecê-los.

O assistencialismo diz respeito à distribuição de riqueza, ignorando que riqueza não se distribui, mas se cria. O igualitarismo advoga a suposta imoralidade da desigualdade social, como se os seres humanos não fossem metafísica e epistemologicamente diferentes entre si.

O igualitarismo não trata dos resultados, mas das oportunidades, como se estas não fossem resultado da conjunção entre a realidade e a consciência de cada um daqueles imbuídos de criar algo.

Assistencialismo e igualitarismo, ou justiça social, servem para pavimentar o caminho da servidão que, mais cedo ou mais tarde, resultará na indesejada hipertrofia do Estado, cujo objetivo, proteger os indivíduos da violência e da injustiça, acabarão sendo perdidos de vista, ou, pior, pervertidos e vilipendiados.

É constrangedor que haja pensadores que de forma contraditória defendem a liberdade e, ao mesmo tempo, pregam, pragmaticamente, a intervenção estatal para que a sociedade possa, supostamente, buscar o maior grau de bem-estar para o maior número de pessoas. Esses pensadores parecem esquecer a implícita imoralidade contida nas ideias que defendem políticas distributivistas, que só podem ser colocadas em prática por meio do uso da coerção pelo governo.

O pragmatismo utilitarista é uma forma sutil de coletivismo estatista, que pode ser encontrado nas obras de pensadores tão diferentes como John Stuart Mill[71], John Rawls[72] e John Dewey[73], quanto nos escritos de ícones do movimento liberal do século XX, com extensa contribuição na difusão as ideias pró-mercado, como é o caso de Milton

---

71. John Stuart Mill (Londres, Inglaterra, 1806~Avignon, França, 1873), filósofo e economista. É conhecido pela defesa do utilitarismo, a teoria ética proposta inicialmente por seu padrinho, Jeremy Bentham. É tido como um dos mais ferrenhos defensores das liberdades individuais, entre elas a liberdade de expressão. Mill foi membro do Parlamento Britânico, eleito em 1865, onde apresentou uma petição para estender o sufrágio às mulheres.
72. John Rawls (Baltimore, EUA, 1921~Lexington, EUA, 2002) foi um filósofo da tradição "liberal social". Em sua obra *Uma Teoria da Justiça* descreve sua teoria na qual busca conciliar liberdade com o ideal igualitário por meio do uso do poder político em uma democracia, na busca da "justiça social".
73. John Dewey (Burlington, EUA, 1859~Nova Iorque, EUA, 1952), filósofo e pedagogo, adepto da corrente pragmatista, desenvolvida por Charles Sanders Peirce, Josiah Royce e William James. Dewey escreveu sobre pedagogia, sendo uma referência no campo da educação.

Friedman[74], que defendia a adoção de *vouchers* escolares e, também, como propunha Friedrich Hayek[75], a adoção do chamado imposto de renda negativo, espécie de subsídio governamental pago aos mais carentes em substituição ao serviços fornecidos pelo governo em nome de um estado de bem-estar social.

É assim, com a promoção dessa suposta justiça social, baseada no assistencialismo e no igualitarismo, que se fundamenta o estado de bem-estar social, criando um processo de dissonância cognitiva que promove a negação da própria natureza humana, estimula o autossacrifício e premia a intimidação, criando a falsa justificativa moral para o uso da coerção, impondo trocas de soma zero, onde para um – aquele que nada produz – ganhar, outro – responsável pela criação de valor – precisa perder.

O jogo de soma zero, no qual o uso da coerção é elemento fundamental, é uma aberração moral que se sustenta no medo e na culpa. O Objetivismo entende ser natural, para aqueles que criam valor, sonegar informações sobre a fonte, a natureza, as características e o destino dos valores que criaram, diante da ameaça de terem tais valores subtraídos por quem nada fez para merecer desfrutá-los. No entanto, o que seria um ato de legítima defesa da vida e da propriedade acaba sendo criminalizado, o que gera medo e culpa perante tal ameaça real, medo que faz com que aqueles que criam e produzem entreguem preventivamente o que criaram e produziram, declarando o que possuem para quem os espolia, com medo de serem pegos e acabarem destituídos, não apenas do que pretendiam esconder mas

---

74. Milton Friedman (Nova Iorque, EUA, 1912~São Francisco, EUA, 2006), economista, lecionou na Universidade de Chicago por mais de três décadas. Recebeu o Prémio Nobel de Economia em 1976. Em seu livro *Capitalismo e Liberdade* defendeu a ideia do imposto de renda negativo.

75. Friedrich August von Hayek (Viena, Áustria, 1899~Friburgo, Alemanha, 1992), economista e filósofo austríaco, posteriormente naturalizado britânico. Contribuiu para a chamada Escola Austríaca de pensamento econômico. Defensor do liberalismo clássico. Realizou contribuições para a filosofia do direito, economia, epistemologia, história das ideias, história econômica e psicologia, entre outras áreas. Recebeu o Prêmio Nobel de Economia em 1974. Comenta sobre uma renda básica universal em seu livro *Law, Legislation and Liberty*, publicado em 1979.

também, eventualmente, da sua liberdade e até da sua vida se resistirem até o fim.

Este é o preço pago por desafiarem padrões morais que foram sendo programados no subconsciente ao longo da infância e da adolescência, seja por dogmas religiosos ou seculares baseados em doutrinas coletivistas que pregam ser o indivíduo não uma unidade, um ente soberano, mas um fragmento dispensável de um todo, de um organismo abstrato com vida própria, por exemplo, a sociedade, para o qual qualquer um de nós serve e pode ser sacrificado.

Fica fácil para os arautos das ideias anticapitalistas promoverem suas agendas, na medida em que convencem que as relações econômicas são um jogo de soma zero. Empreendedores que aceitem essa premissa acabarão imaginando que, para terem obtido a riqueza que acumularam, muitos tiveram que perder e muitos pobres teriam sido criados. Pior ainda quando observamos seus herdeiros, que quase sempre se evadem do fato de que seus pais, para auferirem renda e construírem patrimônio, tiveram que despender anos de vida de trabalho árduo, com muito esforço físico e mental, imaginando que o que seus pais lhes deixaram de herança sacrificou alguém. O resultado disso é culpa. Quando alguém é tomado por este sentimento, torna-se alvo fácil daqueles que oferecem uma remissão. Quem se torna rico acaba sendo acusado de promover a injustiça social e se torna refém daqueles que o odeiam exatamente por ser produtivo e virtuoso.

A culpa imposta aos seres produtivos não se limita à desigualdade social. Explorar a natureza para viver mais e melhor também é qualificado como um crime praticado pela espécie humana contra o seu habitat e os demais seres vivos, plantas e animais irracionais que ali vivem. O que seria uma virtude, a capacidade de usar a razão para gerar valor em nome da vida, torna-se um pecado segundo os dogmas estabelecidos pelos novos apóstolos desta recém-criada religião, o ambientalismo.

Em nome do assistencialismo, do igualitarismo e do ambientalismo, os anticapitalistas se sentem autorizados a capturar o Estado com o propósito de usar seu poder coercitivo para impedir que os homens, racionais, ajam como tal, e passem a viver como animais irracionais, ou, pelo menos, como seres primitivos.

Uma sociedade civilizada é alcançada quando a privacidade é respeitada, quando as interações sociais são livres, espontâneas e voluntárias, excluindo, necessariamente, o uso da coerção por qualquer de seus membros, preceitos e práticas que podem ser rotulados como o "princípio do comerciante".

Isso só ocorre quando aprendemos que, como seres humanos que somos, precisamos ir além do campo das percepções, onde nossa relação com a realidade é automática, ascendendo intelectualmente para o campo das abstrações, onde alcançamos nossa potencialidade como seres pensantes. Pensar é um ato volitivo, requer esforço, requer foco mental, é produto de uma escolha.

O processo educacional, seja ele feito em casa ou na escola, deve ter como propósito o desenvolvimento intelectual, cognitivo, da primeira infância até a maioridade. Precisamos desde cedo aprender que a razão é nosso único instrumento para adquirir conhecimento sobre como devemos viver nesta terra, objeto de estudo da Ética. A ética, a teoria de valor, das escolhas, dos deveres, deriva da realidade objetiva, dos fatos e das evidências, bem compreendidos pela nossa consciência. Quem define nossos deveres são nossas escolhas, porque viver de escolhas é o que define o nosso ser.

Nossas escolhas não podem contrariar nossa natureza. Os padrões de valor e as virtudes que devemos desenvolver para alcançá-los dependem também do entendimento que existe causalidade entre o nosso ser e o como devemos agir para nos sustentar e nos desenvolver de forma a permitir que as melhores escolhas para obtermos a felicidade, no contexto social ou fora dele, sejam feitas.

Quem não se lembra das trocas de figurinhas colecionáveis, gibis, brinquedos ou jogos que toda criança experimenta? Cada um, individualmente ou em cooperação, busca adquirir um valor para obter o que não tem, ou mais do que já tem; interage pacificamente com os demais para trocar aquilo que possui por aquilo que deseja, convergindo com aqueles que têm o mesmo propósito, porém com interesses contrários.

Uma troca voluntária nada mais é do que o momento em que alguém, querendo aquilo que deseja, decide se livrar de algo que não quer mais. Quando há coincidência entre o que um quer se despojar e o outro quer se suprir, a troca, em princípio, acabará sendo feita, e onde havia dois indivíduos insatisfeitos não haverá mais nenhum. A satisfação das vontades de cada um se deu pela criação de valor para mútuo benefício, sem o que a troca não seria feita.

Desta forma, demonstrando-se que somente é justo obter a satisfação das nossas ambições por meio dos processos de cooperação e trocas voluntárias, não apenas de valores materiais, mas também intelectuais e espirituais, é que estabeleceremos a mentalidade capitalista, a mentalidade da criação e distribuição concomitante e constante de valor. O legítimo jogo do ganha-ganha, onde a união de esforços e as trocas voluntárias convergem em torno daquilo que se tornou um bem comum para os envolvidos que buscam o mútuo benefício, sem recorrerem ao uso da força, ao uso de fraude, nem ao autossacrifício.

Deste modo, por meio da criação e produção de valor, da cooperação espontânea para maximizar os resultados, e das trocas voluntárias, que alocarão os produtos e serviços onde eles são bem-vindos, estabeleceremos uma cultura digna, ajustada à natureza humana, capaz de reconhecer que o capitalismo é o único sistema social, político e econômico adequado para se construir uma verdadeira civilização, que, por proteger os indivíduos no seu ímpeto de florescer para realizarem seus propósitos de vida, autodeterminados, tornará a sociedade próspera.

É o reconhecimento de que o indivíduo é um fim em si mesmo, argumento fundamental que nos oferece a ética do individualismo, que fará com que aqueles com os quais interagimos em sociedade possam também exercitar suas habilidades, talentos e vontades na busca da própria prosperidade e da felicidade, por meio de instituições como a livre iniciativa, a propriedade privada, o Estado de Direito e o livre-mercado.

É importante, portanto, discutir os fundamentos da liberdade sob uma visão filosófica completa. Expor as vantagens evidentes do capitalismo, com seus resultados econômicos, é necessário, mas não suficiente. Qualquer ser que lida com as percepções, os sentidos, de forma honesta pode ver que as sociedades capitalistas se desenvolvem mais e melhor do que aquelas que optam por dar primazia ao Estado sobre o indivíduo e ao planejamento central sobre o livre-mercado. No entanto, nem sempre essa percepção da realidade é acompanhada do devido processo cognitivo que permite aos seres humanos lidarem com abstrações e ideias que explicam, numa relação causal, o porquê dessa realidade percebida.

É por isso que precisamos ir além da defesa do capitalismo, da liberdade, do princípio do comerciante, da cooperação espontânea, das trocas voluntárias e da caridade sem sacrifícios, justificando-nos apenas com aquilo que é evidente aos nossos sentidos. É indispensável alcançarmos o nível de abstração, que só é facultado aos seres humanos, para trazermos a discussão ao nível filosófico, sem o qual não conseguiremos nos posicionar racional e eticamente contra a doutrinação que prega o sacrifício, o altruísmo e seus derivados políticos, a intimidação e o uso da força. Para mantermos nossa capacidade de produzir ideias baseadas na realidade objetiva precisamos defender com todas as forças a formação de conceitos, a objetividade, a precisão e certeza do léxico, a fluência e a concretude da linguagem, reagindo contra as filosofias absurdas propostas por Kant e seus seguidores, sejam eles os adeptos do idealismo alemão já mencionados, ou os mais recentes relativistas, como Wittgenstein[76] e os líderes do pós-modernismo da segunda metade do século XX, Foucault[77], Derrida[78] e Lyotard[79].

---

76. Ludwig Wittgenstein (Viena, Áustria, 1889~Cambridge, Inglaterra, 1951), filósofo naturalizado britânico. Influenciou disciplinas como a lógica, filosofia da linguagem, filosofia da matemática e filosofia da mente. Publicou seu *Tractatus Logico-Philosophicus* em 1921, contribuindo para a disseminação do positivismo lógico e da linguagem analítica.
77. Michel Foucault (Poitiers, França, 1926~Paris, França, 1984) filósofo, historiador, teórico social, filólogo, crítico literário e professor da cátedra História dos Sistemas do Pensamento, no Collège de France, de 1970 até 1984. Suas teorias tratam da relação entre poder e conhecimento.
78. Jacques Derrida (El Biar, Argélia, 1930~Paris, França, 2004), filósofo que iniciou na década de 1960 a Desconstrução em filosofia. Lecionou na Sorbonne (1960-1964) e na École Normale Supérieure de Paris (1964-1984). Foi Diretor de Estudos da École des Hautes Études em Sciences Sociales de Paris (1984-2003).
79. Jean-François Lyotard (Versalhes, França, 1924~Paris, França, 1998), filósofo, sociólogo e teórico literário, tratou da relação entre a linguagem, a estética e a política. Teórico do pós-modernismo publicou *A Condição Pós-Moderna* em 1979, tratando da pós-modernidade e da condição humana.

A preservação da linguagem para a perfeita integração entre os conceitos e os perceptos e entre os conceitos para que as ideias sejam, ao mesmo tempo, verdadeiras e corretas, simples e coerentes, baseadas na realidade objetiva, elaboradas sobre axiomas irrefutáveis, revisadas e corroboradas por meio do método científico indutivo e da lógica dedutiva, exatamente o que a visão Objetivista dos fundamentos da liberdade pode nos trazer –, é imperativa, a não ser que desejemos voltar ao primitivismo que caracterizava o início da jornada do ser humano na Terra.

Quando falamos em visão Objetivista, não podemos esquecer que estaremos tratando de uma filosofia em particular. No caso, falaremos do Objetivismo, o sistema filosófico criado por Ayn Rand, uma das mais implacáveis e radicais defensoras do capitalismo.

Por meio de sua filosofia, Ayn Rand ousou formular um conjunto de ideias, oferecendo justificativas não-econômicas a este sistema que ela considera o mais adequado para o homem viver na Terra. Tão interessante quanto sua criação, apresentada por meio de suas obras literárias, de seus livros de não-ficção, além de incontáveis aulas, palestras, entrevistas e artigos, a própria vida de Ayn Rand poderia ser confundida com um de seus romances, e ela mesma com um de seus heróis.

Ayn Rand vivenciou períodos marcantes da história do século XX. Alguns deles moldaram sua visão de mundo e fortaleceram os princípios que ela carregou por toda sua vida, e ajudaram a construir seu maior legado: sua filosofia, o Objetivismo, que tem influenciado milhões de leitores de várias gerações. Seus livros venderam dezenas de milhões de cópias. Sua obra-prima, *A Revolta de Atlas*, foi considerado o livro mais influente dos Estados Unidos da América depois da Bíblia, segundo a Biblioteca do Congresso Americano.

No entanto, essa influência, por ser muito recente, ainda não foi suficiente para impedir ou interromper o processo de decadência moral que tem levado países como os Estados Unidos da América na direção oposta àquela que o fez se transformar na sociedade mais livre e rica da história.

O Paradoxo da Modernidade é a exacerbação desse dilema que contempla indivíduos capazes de produzir níveis de prosperidade nunca antes alcançados, mas que convivem com aqueles que, mesmo aproveitando desse desenvolvimento, nutrem sentimentos nefastos que fazem com que haja antagonismo exatamente contra aquilo que tornou o enriquecimento global possível, a revolução filosófica que nos trouxe o entendimento de que a realidade é objetiva, de que a razão é absoluta, de que o autointeresse é primordial, de que os direitos individuais são inalienáveis e de que o capitalismo é o único sistema social compatível com a vida humana na Terra para os seres racionais.

A morte é a mais niilista das experiências humanas, porque com ela, para quem perde a vida, objetivamente tudo acaba, inclusive o universo, porque para quem não tem consciência não existe realidade, mesmo que ela esteja lá, porque o que importa é a objetividade, que só faz sentido quando a consciência encontra a realidade e a realidade encontra a consciência do ser.

Ayn Rand disse, no entanto, que a maior tragédia que alguém pode sofrer é a morte de quem se ama profundamente. De fato, vemos que a morte de muitas pessoas amadas acaba desestimulando a vontade de viver dos que continuam vivendo, a ponto de estes considerarem a perda motivo de tamanho desgosto, que talvez a própria morte seja a única solução para a dor que sentem na alma.

Foi assim que se sentiu Ayn Rand até morrer, depois de perder seu grande amor, Frank O'Connor.

O QUE É FILOSOFIA?

Quando os homens abandonam a razão, eles não só descobrem que suas emoções são incapazes de guiá-los, mas também que eles se tornam presas de uma única emoção: o terror[80].

Filosofia é a ciência que estuda a existência e busca determinar os fundamentos que envolvem a nossa vida na Terra e nossa relação com o universo e tudo que nele está contido. É a atividade intelectual que busca responder às questões mais fundamentais que podemos fazer de forma abstrata, sem jamais perder de vista a realidade objetiva de onde tudo parte.

Um sistema filosófico é um edifício formado por conceitos que integrados compõem abstrações na forma de ideias. Basicamente, essa construção mental, para fazer sentido, exige um encadeamento causal, lógico e hierárquico. Todos os temas relevantes que nos permitem alcançar o que chamamos de conhecimento, todas as indagações a respeito da existência que buscam encontrar respostas para questões fundamentais devem estar abrigadas nesta construção a que damos o nome de filosofia.

Uma filosofia, para ser considerada completa, precisa preencher cinco ramos, como se cada ramo fosse um andar, sendo que o mais baixo sustenta o que estiver sobre ele e assim sucessivamente, estabelecendo uma relação hierárquica ascendente que precisa ser observada sob pena de ruir tragicamente.

Como numa loja de departamentos, encontramos em cada andar artigos diferentes, mas que acabarão se conectando e se complementando na formação do todo. Fico me imaginando entrando no elevador desse prédio metafórico e a ascensorista dizendo: primeiro

---

80. Excerto da palestra proferida em 1974 por Ayn Rand para os formandos da Academia Militar de West Point, intitulada "Filosofia: Quem é que precisa disso?".

andar, Metafísica. Aqui oferecem respostas para as perguntas "Quem eu sou?" e "Onde estou?".

No segundo andar, Epistemologia. Aqui você encontrará o que precisa para responder às perguntas "Como eu sei?" e "Como eu sei que sei?". No terceiro andar, Ética, o mais importante, porque integra tudo que foi adquirido nos dois andares anteriores e define nossa experiência nos andares seguintes. Em Ética está exposto como devemos agir para vivermos neste mundo.

No quarto andar, Política, o mais barulhento. Lá oferecem respostas para sabermos como viver em sociedade. No quinto e último andar, Estética, aquele ramo que contempla a teoria da arte e responde como materializar as abstrações que criamos em nossas mentes para externar nossa visão metafísica do mundo segundo nossos próprios valores.

Quem ousar cair de paraquedas sobre esse edifício e descer até o térreo, poderá encontrar a saída, mas sairá de lá sem ter entendido absolutamente nada. Seguindo nessa metáfora, convido o leitor a visitar a loja de departamentos construída por Ayn Rand, denominada Objetivismo.

O QUE É OBJETIVISMO?

Ayn Rand desenvolveu sua filosofia tendo como base as ideias do pensador grego Aristóteles, a quem considera sua única influência. O nome Objetivismo foi escolhido porque ela entendia que a fonte do conhecimento e dos valores éticos é a realidade objetiva, descoberta pela mente humana por meio do uso da razão.

Ela dizia ser o Objetivismo a filosofia para viver na Terra, filosofia essa que depois de anos de estudos e reflexões ela apresentou ao mundo por meio de seus romances e publicações como *The Objectivist Newsletter*, *The Objectivist*, *The Ayn Rand Letter* e dos seus livros de não-ficção, notadamente *Introdução à Epistemologia Objetivista* e *A Virtude do Egoísmo*.

Para cada uma das questões de cada um dos ramos da filosofia, Ayn Rand respondia assim, com poucas palavras:

Metafísica – Onde estamos? Quem somos? Realidade, Lei da Identidade e Consciência.

Epistemologia – Como eu sei? Como eu sei que eu sei? Razão, Método Científico e Lógica.

Ética – Como eu devo viver? Egoísmo racional, Autointeresse.

Política – Como viver num contexto social? Capitalismo Radical ou Capitalismo Laissez-faire.

Estética – Como reproduzir abstrações na forma de concretos? Realismo Romântico.

METAFÍSICA

A natureza, para ser comandada, deve ser obedecida[81].

Ramo da filosofia que estuda a natureza do universo e a natureza do ser para formular teorias sobre a existência. A visão metafísica Objetivista é óbvia, partindo de premissas axiomáticas. Axiomas são verdades absolutas das quais ninguém escapa, sendo afirmações inegáveis, irrefutáveis, irredutíveis e indivisíveis. A metafísica Objetivista se utiliza de três axiomas fundamentais para embasar sua teoria da existência: a existência existe; o princípio ou a lei da identidade; e a consciência.

AXIOMA DA EXISTÊNCIA

A existência existe é a mais fundamental das verdades absolutas, sendo inegável e irrefutável porque somente seres existentes podem tentar negá-las ou refutá-las, o que em si produz uma contradição lógica. Para negar e refutar o axioma da existência você precisa existir, o que chancela o axioma. É irredutível porque o conceito existência abrange tudo aquilo que existe, ele é primário, não podendo ser reduzido a outra coisa que o anteceda porque nada vem antes dele. O conceito de existência abarca tudo que existe, logo, é o mais amplo, o mais completo e o mais universal conceito que pode existir. É indivisível porque não é possível haver duas existências. Aquilo que existe só existe num plano, o plano da realidade objetiva. Mesmo as coisas imateriais, abstratas, como ideias, emoções, sentimentos, só existem na consciência dos seres vivos que a possuem, sendo que esta faz parte da mente que está contida no corpo físico do ser que existe materialmente.

É por isso que Objetivistas não acreditam no sobrenatural. Não existem, a não ser como criações fantasiosas, racionalistas, almas, anjos, deuses, fantasmas, espíritos vagando por aí. Essas pseudoentidades são alegorias, metáforas, parábolas criadas para explicar, por meio do misticismo, fenômenos desconhecidos ou de difícil compreensão. Servem também para justificar a imposição de normas éticas que

---

81. Citação atribuída a Francis Bacon.

seriam reveladas por autoridades, sejam elas, religiosas ou políticas, cujo propósito é controlar a população por meio da manipulação dos sentimentos ou emoções, como o medo ou a culpa, que se manifestam a partir do subconsciente educado para aceitar tais imposições.

Objetivistas são necessariamente ateus, pois estão convictos da inexistência de divindades tendo em vista evidências fáticas e lógicas da sua impossibilidade. A existência do universo estende-se no tempo e no espaço de forma infinita. O universo para os Objetivistas sempre existiu porque, logicamente, não existe a possibilidade de ele ter sido criado por alguém ou ter surgido do nada. É improvável que o universo tenha sido criado por algo fora do universo ou antes da sua existência. A ideia de que Deus teria criado o universo, como defendem algumas religiões, é infundada. Se o universo precisa de um criador, então este criador teria que ter sido criado por alguém e assim por diante, o que levaria a um processo retrospectivo, no qual as sucessivas criaturas deveriam ter um criador que as criasse para poderem existir.

Da mesma forma, o universo não pode ter sido logicamente criado a partir de um processo de autogênese, porque do nada, nada vem.

AXIOMA DO SER (A = A)

Obviamente, existir é ser algo cujas características intrínsecas lhe dão uma identidade única, própria daquele ser. Podemos então dizer que existência é identidade, o que nos permite deduzir o princípio ou a lei da identidade, o segundo axioma, que estabelece que, se algo existe, este algo tem determinadas características que em conjunto formarão uma identidade que comporá uma determinada entidade.

Entidade é tudo aquilo que existe, e, por causa das suas características mais peculiares, é passível de identificação, conceituação, classificação, integração, discriminação e quantificação. Cada entidade é igual à soma de suas características, sendo, portanto, igual a si mesma, não podendo ser igual a algo diferente ao mesmo tempo e sob o mesmo aspecto. Como corolário da lei da identidade temos a lei da causalidade, que diz: toda ação produz um efeito que necessariamente tem uma causa e que essa causa está sempre ligada a alguma entidade, cuja ação não pode contrariar a sua natureza.

AXIOMA DA CONSCIÊNCIA

Quando buscamos explicar que a existência existe e ela pode ser percebida e identificada, estamos considerando obviamente que há alguém dotado de consciência para perceber aquela entidade que faz parte do universo e, portanto, da realidade. Consciência, então, é a faculdade que os animais têm de perceber o que existe. Se nada existisse, não poderia haver consciência, pois uma consciência sem nada para estar consciente é uma contradição em termos. Ayn Rand dizia:

> Uma consciência consciente de nada além de si mesma é uma contradição em termos: antes que pudesse se identificar como consciência, ela tinha que estar consciente de algo. Se o que você diz perceber não existe, o que você possui não é consciência. Qualquer que seja o grau de seu conhecimento, esses dois – existência e consciência – são axiomas dos quais você não pode escapar, estes dois são as primárias irredutíveis implícitas em qualquer ação que você empreender, em qualquer parte de seu conhecimento e em sua soma, desde o primeiro raio de luz que você percebe no início de sua vida até a erudição mais ampla que você pode adquirir no final[82].

A consciência existe nesse contexto. Realidade tem primazia sobre a consciência. Não faz sentido uma consciência consciente de si mesma. A realidade entra em nossa consciência e é percebida por ela. Não é a consciência que cria a realidade. Ayn Rand resumiu isso afirmando: "Existência é identidade; consciência é identificação".

Toda essa exposição sobre a metafísica tem como objetivo principal reconhecer que o que existe no universo existe com determinadas características, e que o homem, por ser uma entidade com uma certa identidade que o faz diferente de tudo o mais que existe, seja um mineral, um vegetal ou animais de outras espécies, irracionais, precisa agir de acordo com a sua natureza, utilizando o equipamento que lhe é natural para preencher os requisitos que lhe permitirão, antes de qualquer outra coisa, existir como o ser dotado de consciência e da faculdade do uso da razão.

---

82. Excerto do Discurso de John Galt em *A Revolta de Atlas*.

EPISTEMOLOGIA
Você não pode comer seu bolo e tê-lo também[83].

Ramo da filosofia, também conhecido por teoria do conhecimento, que se dedica ao estudo e descoberta dos meios mais apropriados para a assimilação e validação de conhecimento. Entre todos os ramos da filosofia, a epistemologia se destaca como sendo o mais essencial, pois é o fato do ser humano ser dotado de consciência e mais, da faculdade do uso da razão, que faz a própria existência da filosofia possível e necessária. Para dar ênfase à sua importância, destaco o seguinte excerto de *Introdução à Epistemologia Objetivista*, no qual Ayn Rand descreve uma série de indagações que mostram a pertinência da epistemologia e do Objetivismo:

> Como o homem não é onisciente ou infalível, você tem que descobrir o que pode reivindicar como conhecimento e como provar a validade de suas conclusões. O homem adquire conhecimento por um processo de razão – ou por uma súbita revelação de um poder sobrenatural? É a razão uma faculdade que identifica e integra o material fornecido pelos sentidos do homem – ou é alimentado por ideias inatas, implantadas na mente do homem antes de ele nascer? A razão é competente para perceber a realidade – ou o homem possui algum outro corpo docente cognitivo que seja superior à razão? O homem pode alcançar a certeza – ou está condenado à dúvida perpétua? A extensão de sua autoconfiança – e do seu sucesso – será diferente, de acordo com qual conjunto de respostas você aceita.

Encontraremos o método mais adequado para adquirirmos e validarmos o conhecimento a partir de algumas premissas que o Objetivismo considera verdadeiras e necessárias. Objetivistas não são materialistas, mesmo entendendo que não há um mundo sobrenatural, no qual existiriam entidades que definiriam nossa existência, que guiariam nossas ações e definiriam nossos destinos, seja nesta vida ou noutra supostamente existente.

---

83. Ditado popular.

O reconhecimento de que somos seres cujos corpos possuem uma mente e que não há dicotomia entre eles demonstra que os Objetivistas acreditam que somos muito mais do que exclusivamente matéria: somos também nossa memória, nossos propósitos, nossas ideias, nossos sonhos e nossas emoções, ou seja, tudo aquilo que um ser dotado de consciência e razão pode experimentar ao longo da sua existência. Não havendo dicotomia entre corpo e mente, como vimos na metafísica Objetivista, inexiste a possibilidade de uma vida extracorpórea. Tampouco há a possibilidade de existirem revelações divinas ou extrassensoriais.

A epistemologia Objetivista não aceita a ideia de que o homem possui instintos como os outros animais. Instintos entendidos como programas automáticos, involuntários, inexoráveis, contra os quais os seres que os possuem não podem se rebelar, contradizer ou negar o seu cumprimento.

Não podemos confundir instintos com impulsos, ações reflexivas desencadeadas em determinadas situações, mas que não são implacáveis, podendo o ato tempestuoso ser contido a qualquer momento ao se retomar a consciência. Se fossemos dotados de instintos, não seríamos responsáveis por nossas ações.

Ao contrário dos animais dotados de instintos, os seres humanos são dotados de livre arbítrio, que, segundo o Objetivismo, é a possibilidade de escolhermos focar, ou não, nossa mente, colocando-a no estado de consciência que conhecemos como o ato de pensar. Pensar, usar a razão é uma faculdade, ou seja, temos esse poder, porém ele é volitivo, precisamos decidir que vamos usá-lo para perceber a realidade, entendê-la para formarmos abstrações que guiarão nossa ação com o propósito de solucionar os desafios da existência e buscar eventualmente a nossa própria felicidade.

Assim como a filosofia Objetivista não é uma filosofia materialista, ela não aceita a ideia de que o homem está submetido a um destino manifesto ou a um determinismo histórico. Objetivistas estão convencidos de que o futuro é incerto, que está à nossa disposição, o que significa que tudo aquilo que fizermos poderá produzir efeitos e resultados, dependendo ainda das circunstâncias e do contexto em que estivermos inseridos.

Ayn Rand e os Objetivistas em geral são vistos por aqueles que não compreendem a filosofia ou, por compreenderem, a ela se opõem, como indivíduos frios, incapazes de experimentar emoções, como uma espécie de Dr. Spock, oficial da nave estelar USS Enterprise, personagem série clássica de ficção científica Jornada nas Estrelas. Esta acusação pode ser caracterizada como a falácia do espantalho, pois se há algo que o Objetivismo respeita e valoriza é a emoção, que está incorporada ao nosso ser como elemento integrante e subordinado à razão.

Emoções são reflexos automáticos, resultantes do estímulo do conjunto de valores que vamos acumulando ao longo da nossa existência em nosso subconsciente, mesmo sem saber. O Objetivismo busca explicitar por meio da razão essa relação, num processo que Ayn Rand chama de introspecção. Introspecção, conforme o Objetivismo, é a ação racional que visa checar as nossas premissas. É o exercício que fazemos para responder as perguntas: o que eu sinto? Por que eu sinto isso?

Quando os Objetivistas dizem que as emoções devem ser colocadas no seu devido lugar e que é a razão que dita como lidar com as emoções, estamos dizendo que toda ação humana deve ser escrupulosamente pensada por meio da combinação dos exercícios de introspecção, a análise racional daquilo que sentimos, com a extrospecção, análise racional daquilo que percebemos do mundo exterior.

Objetivistas se emocionam como qualquer indivíduo. Porém, por meio da verificação das premissas com a introspecção, têm suas emoções identificadas, integradas e classificadas em relação aos valores explicitados, fazendo com que o reflexo emocional seja compreendido melhor, podendo inclusive ser muito mais intenso do que o daqueles que não sabem a fonte das suas emoções.

É função da razão não eliminar as emoções, pelo contrário. Cabe à razão identificar a fonte das emoções e entender suas causas. A razão incorpora as emoções. As emoções indicam para nossa razão quais são os nossos valores, como, quando e porque reagimos emocionalmente quando eles são estimulados de alguma maneira.

Um processo válido de introspecção e de extrospecção para quem foi doutrinado e conformado com base em preceitos filosóficos, psicoepistemológicos e éticos não-Objetivistas, demanda do indivíduo um esforço que pode alcançar o sofrimento mental. Tornar-se um Objetivista não é tarefa para qualquer um porque é preciso desprogramar a mente, desfazer-se do entulho coletivista altruísta que a maioria dos indivíduos carrega no seu subconsciente.

Não há dúvida, cabe à razão identificar os valores, construir os caminhos para criá-los e mantê-los, sendo as emoções o reagente que produzirá o necessário combustível para persegui-los. As emoções fazem parte da vida saudável de qualquer ser humano, porém elas são atributos acessórios, tendo que ser colocadas no seu devido lugar.

O Objetivismo entende que nascemos como uma folha em branco, sem conhecimento prévio, nem uma moralidade inata, sem um caráter congênito. Todo nosso conhecimento é obtido por meio das informações captadas por nossos sentidos. Estas informações fluirão para e pela nossa mente, tornando-se cognoscíveis por meio do código visual e auditivo que chamamos de linguagem.

É a linguagem que permite aos seres humanos usufruírem da capacidade de pensar. A faculdade de usar a razão e pensar só é possível porque somos capazes de formar os conceitos que nos permitirão criar e nominar os perceptos existentes na realidade, para identificá-los e integrá-los ao construir abstrações e ideias.

A linguagem é a maior invenção humana, sem ela não seríamos esse ser diferenciado, especial, entre todas as espécies existentes na natureza. É a linguagem que nos eleva de um ser perceptual para o nível conceitual do ser, capaz de elaborar princípios e de planejar a longo prazo. A linguagem não tem como função fundamental a comunicação, mas a formação de conceitos. A comunicação é importante, mas como consequência. Afinal, não é possível a comunicação sem termos algo para comunicar.

Num mundo onde a divisão do trabalho prolifera e o conhecimento se aprofunda e se especializa cada vez mais, a linguagem e a comunicação são cruciais para o desenvolvimento. Este é um processo que envolve a cognição e a funcionalidade, e por meio do qual transformamos o mundo que percebemos, traduzindo os concretos existentes, em abstrações para desenvolvermos novos concretos, transmitindo-os para os demais.

É assim que construímos conceitos e princípios, por meio do que percebemos, validando as ideias, confrontando-as com a realidade e com a lógica, revendo nossos pensamentos, nossas premissas, até que não existam mais contradições. Esses são os métodos com que médicos diagnosticam, tratam e curam doenças, que artistas criam músicas ou obras artísticas para reproduzir realidades ideais e possíveis ou utopias. É assim que filósofos descobrem a natureza do universo, do homem. É assim que crianças aprendem a linguagem, a matemática e boas maneiras.

Objetivismo foi o termo escolhido por Ayn Rand para nomear sua filosofia a partir do conceito de objetividade. A partir desse entendimento de que a realidade existe, independentemente da nossa consciência, dos nossos medos, das nossas objeções ou das nossas discordâncias.

Objetividade atesta que ao defendermos qualquer ideia ou visão, é a realidade que dará sempre a última palavra sobre sua veracidade e coerência. A razão é o meio pelo qual todos nós aprendemos sobre o mundo, sobre nós mesmos, sobre nossas necessidades e como satisfazê-las apropriadamente. Todo conhecimento humano começa com a informação. Questões como onde, quando, quem, como, quanto e por que podem ser combinadas formando infinitas perguntas e respostas trocadas por bilhões de pessoas.

Quando falamos em fluxo da informação, estamos falando em fluxo da vida, possível apenas por meio da formação de conceitos; possível apenas aos seres humanos, por meio da linguagem. Então, se a metafísica diz que por sermos seres humanos precisamos agir para existir, a epistemologia diz que, para existir, precisamos necessariamente usar a razão.

ÉTICA

É apenas um objetivo último, e um fim em si mesmo, que torna possível a existência de valores. Metafisicamente, a vida é o único fenômeno que é um fim em si mesmo: um valor conquistado e mantido por um processo constante de ação[84].

Ramo da filosofia que trata dos valores morais, que questiona e determina como o ser humano deve viver para florescer e prosperar neste mundo. É a ciência que integra os conhecimentos adquiridos nos dois andares abaixo, Metafísica e Epistemologia, lembra da loja de departamentos?

Se sabemos onde estamos, quem somos, e como sabemos a respeito disso, resta-nos elaborar um guia onde compilaremos os conhecimentos adquiridos aplicados aos problemas existenciais. Esses problemas, que consistem nos desafios impostos pela natureza, levam em consideração as leis que regem o universo e a aplicação do livre-arbítrio para superá-los, de modo que os propósitos que dermos à nossa vida possam ser realizados por meio da criação e manutenção dos valores que nos permitirão buscar e alcançar aquele estado de satisfação não contraditória que conhecemos por "felicidade".

Esse é o papel da ética, estabelecer quais são os valores que devem nortear nossa ação para a preservação de nossa existência, a satisfação do nosso autointeresse de forma racional para que tenhamos a melhor e mais longeva vida possível de ser vivida.

O Objetivismo entende que a própria vida é o padrão moral de valor mais elevado que há. Para nós, seres humanos, não havendo vida, não há existência. Logo, agir guiado pelo autointeresse não é apenas uma questão ética, é existencial. Portanto, o autointeresse, ou seja, tudo aquilo que fazemos em prol da nossa vida, da nossa existência, é o valor ético a ser criado, mantido e defendido. Como já vimos, o que pode garantir uma vida próspera, com a satisfação do nosso

---

84. Excerto de "The Objectivist Ethics", ensaio publicado por Ayn Rand em *The Virtue of Selfishness*, p. 17. Tradução livre.

autointeresse, é nossa capacidade do uso da razão. Esta integração de conceitos, autointeresse e uso da razão, formam a ideia eticamente ideal do egoísmo racional. Para uma vida coerente com o princípio ético do egoísmo racional são indispensáveis sete virtudes que nos permitem ter uma vida melhor, mais longa, mais feliz, sem prejudicar a nós mesmos, nem aos outros.

Cabe destacar aqui que virtudes não são deveres, mas escolhas racionalmente feitas por quem busca a melhor vida que puder alcançar. Ayn Rand explica com precisão como dever e razão são excludentes. Diz ela:

> "Dever" destrói a razão: substitui o conhecimento e o julgamento, tornando o processo de pensar e julgar irrelevante para suas ações. "Dever" destrói valores: exige que se traia ou sacrifique os valores mais altos por causa de um comando inexplicável – e transforma valores em uma ameaça ao seu valor moral, uma vez que a experiência de prazer ou desejo lança dúvidas sobre a pureza moral de seus motivos. "Dever" destrói o amor: quem poderia querer ser amado não por "inclinação", mas por "dever"? "Dever" destrói a autoestima: não deixa nenhum eu para ser estimado. Se se aceita esse pesadelo em nome da moralidade, a ironia infernal é que o "dever" destrói a moralidade[85].

Moralidade, portanto, não é o campo do dever, mas das escolhas. A ética ou a moral compatível com o ser humano é aquela que resulta da realidade objetiva, do fato de que o ser humano existe com características próprias que o levam a agir de acordo com a lei da identidade e da causalidade, ou seja, usando a razão para agir, para escolher seus valores, decidindo como alcançá-los.

Não precisamos obedecer a ninguém, nem nos submetermos a imperativos categóricos revelados por alguma autoridade secular ou religiosa. Precisamos, no entanto, desenvolver virtudes que fortalecerão nosso ser, fazendo-nos florescer e prosperar. Ayn Rand advoga por uma moralidade baseada na razão que, segundo ela, está contida num

---

85. Excerto do artigo "Causality Versus Duty", publicado por Ayn Rand em *The Objectivist* em 1970, e republicado em 1982 na coletânea de ensaios *Philosophy: Who Needs It*, p. 95. Tradução livre.

único axioma, a existência existe, da qual uma única escolha é possível ao ser humano: viver.

Não há nada mais importante, decisivo e supremo para a existência de um ser humano do que os três valores que servem de pilares para a realização desse objetivo: a razão como seu único e absoluto instrumento de conhecimento; um propósito escolhido para ser realizado com o intuito de alcançar a desejada felicidade; e a autoestima, como a certeza inviolável de que sua mente é competente para pensar e que seu ser é merecedor da felicidade, e da própria vida em si. Esses três valores, diz ainda Ayn Rand, implicam e demandam todas as virtudes que um ser humano é capaz de nutrir. Virtudes essas que pertencem e derivam da relação íntima entre a existência e a consciência.

VIRTUDES

O Objetivismo aponta sete virtudes essenciais que, como a própria filosofia, são integradas e obedecem a certa ordem hierárquica. São elas:

Racionalidade, o reconhecimento de que a razão é nossa única fonte de conhecimento, nossa única ferramenta para julgar o que a realidade e a lógica nos apresentam e nosso único guia para a ação. Ser irracional não quer dizer estar cego ao que acontece, nem ignorante da realidade. Ser irracional é recusar a premissa de que a racionalidade é nosso meio de sobrevivência, é não querer enxergar a realidade, é não querer aprender, saber e conhecer o que a realidade e a lógica nos oferecem para termos uma vida melhor, próspera e pacífica.

Honestidade, o ato de não falsear a realidade, nem para si mesmo, nem para os outros. A mentira prejudica a mente. Manter o foco nas coisas da realidade se torna impossível quando temos que preencher nossa mente com falsidades. Se já é difícil armazenarmos aquilo que é verdadeiro, imaginem a dificuldade de se guardar abstrações flutuantes que não encontram fundamento na realidade.

Integridade, o ato de não falsear a sua própria consciência. É concluir sobre premissas que já aceitamos como válidas e agir de acordo com os princípios que entendemos serem verdadeiros e corretos.

Independência é usar a própria mente para lidar com a realidade, é deixar de lado a fé ou a crença naquilo que está escrito ou que nos dizem sem que nós mesmos façamos nossa avaliação das premissas, confrontando-as com a realidade e a lógica. É não aceitarmos dogmas. Independência também é a virtude de podermos manter nossa vida de forma autônoma, ou seja, por nosso próprio esforço, sem depender do sacrifício de ninguém.

Produtividade é a virtude de podermos manter materialmente nossa vida por meio da geração de valor, possível apenas com a aplicação da nossa mente e das nossas virtudes para transformar em bens aquilo que a natureza nos oferece.

Justiça é dar a cada um o que cada um merece. É entendermos que cada indivíduo, com sua consciência, faz parte da realidade, é algo e como tal tem uma identidade. Ser justo é entender que tipo de natureza aquela pessoa tem e que ação ela promoverá, causando algum efeito qualquer. Não podemos nos evadir de uma avaliação e de dar um tratamento adequado a cada indivíduo com o qual vamos ou estamos nos relacionando. Justiça é dar o valor adequado a cada coisa. Neste sentido, é tratar a cada um como merece.

Orgulho é o autorreconhecimento de que se está, a cada dia, moralmente melhor. Orgulho não pode ser confundido com arrogância ou soberba.

Da mesma maneira que Ayn Rand elenca as virtudes necessárias para o indivíduo buscar a perfeição moral, ela destaca quais seriam os vícios ou pecados que levam à destruição do ser, do seu ego, do seu eu.

Em relação à objetividade, o ato de integrar a realidade e a consciência por meio do uso da razão para a aquisição de conhecimento, para a elaboração dos julgamentos necessários para a ação racionalmente idealizada, não há vício maior na produção do mal do que o ato de evadir-se da realidade de forma deliberada, recusando-se a ver e saber sobre fatos, a julgar as consequências de seus atos por meio da suspensão da própria consciência.

Em relação ao comportamento moral, não há vício maior do que a auto-humilhação. Como detalha Ayn Rand no artigo "Inflação moral", que pode ser encontrado na publicação *Ayn Rand Letter*:

> Auto-humilhação é a antítese da moralidade. Se um homem agiu imoralmente, mas se arrepende e quer expiar isso, não é a auto-humilhação que o motiva, mas algum remanescente de amor por valores morais – e não é auto-humilhação que ele expressa, mas um desejo de recuperar sua autoestima. Humildade não é um reconhecimento das falhas, mas uma rejeição da moralidade. "Eu não sou bom" é uma declaração que pode ser proferida apenas no passado. Dizer: "Eu não sou bom" é declarar: "Eu não sou bom e nunca tive a intenção de ser melhor".

Ayn Rand explica que *valor* é tudo aquilo pelo que alguém age para obter e manter; e que *virtude* é a ação pela qual os valores são obtidos e mantidos. Ela formula, para dar melhor entendimento à questão dos valores, sua visão tricotômica das teorias de valor, da qual deriva sua teoria do valor objetivo, em oposição às teorias de valor tradicionais, conhecidas como a teoria do valor intrínseco e teoria do valor subjetivo.

A teoria do valor intrínseco considera que o bem reside em determinadas coisas e ações na realidade, independentemente do beneficiário e do propósito daquilo. É a teoria que justifica ações arbitrárias e imperativas daqueles que se veem no direito de impor o que consideram um bem à revelia ou apesar da vontade dos outros. Ora, se o valor é intrínseco às coisas e ações da realidade, uma autoridade poderia, arbitrária e coercitivamente, fazer o suposto bem aos outros mesmo que isso viesse a causar dano. A teoria do valor intrínseco apega-se exclusivamente à realidade, tomando o conceito de bem e divorciando-o da consciência daqueles que deveriam livremente escolher se ali há valor para os propósitos que nutrem.

A teoria do valor subjetivo vai no sentido oposto, ela defende a ideia de que valor não tem relação com os fatos da realidade, que ela deriva exclusivamente dos caprichos, vontades, desejos e intuições daquele que avalia. A teoria do valor objetivo nega as demais, ao defender que o bem, que o valor de algo, seja uma entidade ou uma ação, não é atributo nem das coisas em si mesmas, nem das manifestações emocionais do ser humano, mas da avaliação dos fatos da realidade pela consciência dos indivíduos, tendo em vista padrões de valor estabelecidos racionalmente. Diz Ayn Rand em *Capitalismo: o Ideal Desconhecido*[86]:

> A teoria objetiva assegura que o bem é um aspecto da realidade em relação ao homem – e isso precisa ser descoberto pelo homem, não inventado. Fundamental para uma teoria objetiva dos valores é a questão: valor para quem e para o quê?

Ética é a ciência que estuda nossa relação com a realidade em função do contexto em que vivemos, perante o dilema fundamental apresentado pela realidade que é existir ou não existir, seja numa ilha isolada ou no mais povoado centro urbano. Seja nas profundezas do oceano ou suspensos no vácuo do espaço sideral.

O Objetivismo, por tudo isso, advoga pela ética do individualismo, segundo a qual cada ser humano é um fim em si mesmo, tendo, portanto, o direito individual inalienável de agir livremente de acordo com o que sua mente julgar verdadeiro e certo para criar e manter os valores que entender necessários à realização de seus propósitos na busca da felicidade. Com essa premissa, é possível entender a importância fundamental dos direitos à vida, à liberdade, à propriedade e à busca da felicidade, quando um indivíduo ingressa num contexto social. Os direitos individuais inalienáveis são a proteção indispensável para que os indivíduos possam viver em sociedade. A ética compatível com a natureza racional do ser humano, o individualismo, é levada ao convívio social por meio da política, o mais barulhento dos departamentos que compõem a loja de departamentos da filosofia.

---

86. Publicado no Brasil pela LVM Editora. (N.E.)

POLÍTICA

A questão não é quem vai me permitir.
A questão é quem vai me impedir.[87]

Ramo da filosofia que trata das leis e do governo, com repercussões nas relações entre os indivíduos, o que impacta no funcionamento do mercado, processo no qual as pessoas buscam criar, adquirir e manter os valores que consideram necessários para a sua vida, logo na economia, ciência que estuda esse processo. Política é a ciência que busca responder à pergunta: "Como viver num contexto social?".

Tendo em vista a ética objetivista, somente um sistema político é possível: o capitalismo *laissez-faire*, versão radical da aplicação da teoria dos direitos individuais inalienáveis aos problemas dos conflitos sociais. Se os homens vivessem isolados uns dos outros, ou se fossem invariavelmente pacíficos, jamais recorrendo ao uso da coerção, seja pela força ou pela fraude, não haveria necessidade de direitos individuais inalienáveis. Porém, isso é algo que não existe, pois numa sociedade coexistem indivíduos pacíficos, capazes de se manter a partir das próprias virtudes, mas há também aqueles que recorrem à violência usando a coerção para obterem o que não merecem.

Ayn Rand dizia que civilização é o avanço em direção a uma sociedade de privacidade. A inteira existência do homem selvagem é pública, comandada pelas leis de sua tribo. Civilização é o processo de libertar o homem dos homens. Numa sociedade civilizada, as relações interpessoais de qualquer tipo não dizem respeito à sociedade nem ao governo, a não ser quando elas se transformam em violação dos direitos de alguém, quando o governo é chamado a intervir para conter o uso da violência por parte de alguém, retaliando contra ela.

---

87. Expressão equivocadamente atribuída à Ayn Rand, que, na realidade, é uma paráfrase derivada do diálogo entre Howard Roark e o reitor da faculdade de arquitetura da qual Howard estava se despedindo. Eis o diálogo:
 Reitor: "Você quer me dizer que está pensando seriamente em construir dessa maneira, quando e se você for arquiteto"?
 Howard Roark: "Sim".
 Reitor: "Meu caro amigo, quem vai deixar você"?
 Howard Roark: "Esse não é o ponto. A questão é, quem vai me impedir"?

É para extrair a violência da sociedade que o Objetivismo entende ser necessário que se institua uma agência chamada "governo", que tem uma única e inequívoca função: proteger os direitos individuais para garantir a existência de uma sociedade livre, baseada economicamente no sistema de livre mercado.

Livre mercado é o mercado livre da violência, praticada em suas diversas formas: o uso da força, furtos, roubos, sequestros, estupros, agressões, assassinatos, fraudes, rompimento de contratos de forma unilateral e injustificada, desavenças – e, o mais importante de tudo, uma sociedade livre da ação violenta do governo. Numa sociedade de homens racionais existe apenas um contrato implícito, o de que a vida é o valor maior para cada indivíduo. Existir é um direito inalienável, portanto, se alguém não respeita essa cláusula deve ser afastado da sociedade, e, se a sociedade, por meio do seu governo, não respeita os direitos individuais, então ela não é uma verdadeira sociedade. É apenas um amontoado de bárbaros vivendo no caos promovido pela violência.

Esse tema é fundamental para o debate ideológico, e é exatamente aqui que Ayn Rand inova. Ela demonstra com sua filosofia que direitos não são outorgados por nenhuma entidade, seja ela divina, seja ela um rei, um partido político ou a própria sociedade. Tampouco é um direito natural, no sentido de que ela não é autoevidente, nem brota das árvores ou cai do céu. Ela conclui que, tendo em vista o que a metafísica, a epistemologia e a ética objetivista apresentam, a teoria dos direitos individuais baseia-se em princípios morais derivados da própria análise da realidade.

O fato de o homem existir, sendo o ser racional que é, determina que ele tenha de forma inalienável os direitos à liberdade e à propriedade para ter seu direito à vida garantido. Direito à liberdade nada mais é do que a possibilidade do homem agir, de acordo com seu próprio julgamento, para o seu próprio benefício, para garantir, prolongar, promover e aproveitar sua própria vida, como melhor lhe convier, sem compulsão, sem coerção, por meio de escolhas voluntárias não impostas por alguém.

É para proteger os direitos individuais que existe o governo. É importante que se tenha em mente que governo que viola direitos individuais não é governo, é máfia. Lembre-se da lei da identidade, que diz que cada entidade é igual à soma de suas características, sendo, portanto, igual a si mesma, não podendo ao mesmo tempo e sob o mesmo aspecto, ser igual a algo diferente. Ora, se há uma entidade que viola direitos e não os protege, então essa entidade não é um governo, mas sim uma máfia. E como tal deve ser tratada.

O governo sob a ótica objetivista deve ser limitado a apenas três funções básicas e nada mais do que isso, sob pena dele deixar de ser um protetor de direitos para ser um violador de direitos. São elas a proteção dos direitos individuais no âmbito doméstico por meio da polícia; o trabalho de julgar e punir aqueles que violarem direitos por meio de tribunais, que podem também servir como mediadores em caso de disputas ocasionais; e a proteção dos indivíduos daquela sociedade contra a agressão por outros países. O governo deve ser limitado ao provimento de segurança e justiça, limitado por uma constituição que tem como objetivo precípuo dizer o que o governo pode fazer. Tudo o que não estiver ali previsto não é facultado ao governo fazer.

O Objetivismo defende o *Rule of Law*, ou Império da Lei. Leis objetivas, derivadas dos direitos individuais e criadas para reforçá-los e protegê-los. Leis prospectivas, de amplo conhecimento da população, claras, de fácil interpretação, aplicáveis igualmente a todos os indivíduos, sem privilégios nem restrições, preservado o direito ao contraditório por meio do devido processo legal.

Agora, não é apenas o governo que cria leis. Os indivíduos podem criar suas sociedades privadas regidas por leis próprias, que devem ser respeitadas por todos e subordinadas às leis objetivas que as antecederam. Essas leis próprias nada mais são do que os contratos particulares.

No provimento de segurança, o governo deve agir para proteger os indivíduos daqueles que fazem uso da violência, da força ou da fraude. Mas o governo não pode ter o monopólio do uso da força. Ele não é onipresente, nem onipotente, para oferecer segurança a todo momento. O legítimo direito à autodefesa, à proteção da própria vida ou da de terceiros e dos valores eventualmente ameaçados por gente violenta, permitem que os indivíduos ajam emergencialmente, de forma direta, ou indireta, por si ou por meio de agências de segurança por eles contratadas. O monopólio que o governo detém é aquele que impede que um indivíduo atacado possa tomar para si o trabalho de apuração dos fatos, o julgamento sobre a responsabilidade e a aplicação da pena sob o risco de, em vez de estar se defendendo de um suposto agressor, estar apenas violando o direito de alguém, inclusive o direito ao devido processo legal e ao contraditório de quem for suspeito.

Também os tribunais não deteriam o monopólio para dirimir conflitos. As partes poderiam recorrer aos serviços privados de arbitragem para sanar dúvidas ou mediar desentendimentos. É claro que existe a possibilidade de as partes terem que recorrer à justiça estatal em última instância, caso não se satisfaçam com o resultado apresentado pelo árbitro privado escolhido. Eventualmente, o cumprimento de um contrato terá que ser forçado pelo governo, tanto quanto este faria para a imposição de uma lei.

Considerando a lógica de que governos existem para proteger os direitos individuais, não podendo então violá-los sob pena de tornarem-se máfias, concluímos então que seu estabelecimento e manutenção teriam que depender exclusivamente de financiamento voluntário. Sempre que alguém firmasse um contrato, poderia optar por tê-lo protegido pelo governo por meio do pagamento de uma taxa. Sempre que alguém tivesse uma desavença, recorreria à justiça pagando as custas judiciais.

Certamente, uma sociedade onde o governo fosse separado da economia, onde inexistissem leis positivistas ou distributivistas, os conflitos entres as pessoas tenderiam a cair enormemente, até porque o governo é o maior usuário do Judiciário e o maior violador de direitos que conhecemos nos dias de hoje. Os custos para a manutenção do governo cairiam de tal maneira que ninguém se importaria até de lhe fazer doações voluntariamente, como já ocorre, quando contribuímos com sua arrecadação por meio de loterias. Seria muito interessante que os economistas, que dedicam exaustivas horas tentando prever e prescrever as ações do governo, estudassem formas voluntárias de financiá-lo, baseadas no princípio do comerciante.

ESTÉTICA

A arte é o meio indispensável para a comunicação de um ideal moral.[88]

A estética, ou filosofia da arte, culmina com a conjugação dos demais ramos da filosofia, amarrados e conectados por meio da linguagem. Mas uma linguagem de outra espécie. Se a metafísica nos demonstra que a nossa consciência capta os concretos da realidade e, por meio da linguagem, forma os conceitos utilizando-se do nosso sistema sensorial e perceptivo, visual e auditivo, utilizando nossa cognição para dar funcionalidade aos conhecimentos adquiridos, na estética o caminho é inverso.

Aquilo que nossa consciência captou, conceituou, memorizou e integrou na forma de conceitos e ideias, servirá de insumo para a construção de concretos ficcionais expressados por meio das atividades artísticas. É a partir daí que as mensagens abstratas e subjetivas tomam forma para estabelecer novos padrões de valor, sem compromisso imediato com o problema existencial, mas sim com visões ideais, utópicas, distópicas etc.

A arte tem o propósito de tornar abstrações que habitam a consciência de um artista em uma obra que adquire a forma dos concretos imaginados. É a maneira que temos para permitir uma relação perceptual entre o nosso imaginário e o público. Cada artista expõe sua visão essencial, metafísica, de como vê o mundo, de como vê a si próprio e que valores ele elege como seus. Para os Objetivistas, e Ayn Rand deixou isto bem claro em suas obras ficcionais, a arte romântica deve tratar de temas universais, atemporais, sobre os problemas e os valores relacionados com a existência humana. Como dizia Aristóteles, a arte deve representar não aquilo que é, mas como poderia ser ou como deveria ser.

Ayn Rand escreveu um pequeno tratado sobre teoria da arte, particularmente sobre o romantismo realista, incluindo não apenas conceitos, definições, integrações e abstrações sobre este ramo filosófico, mas

---

88. Excerto de "The Psycho-Epistemology of Art", artigo escrito por Ayn Rand e publicado em *The Romantic Manifesto*, p. 21.

também com ensinamentos sobre a escrita e a retórica. O livro chama-se *The Romantic Manifesto*, no qual Ayn Rand reuniu artigos publicados na sua maioria ao longo da década de 1960, no seu periódico *The Objectivist*. No final do livro, Ayn Rand nos oferece uma curta história, intitulada *The Simplest Thing in the World* [A Coisa Mais Simples do Mundo]. Escrita em 1940, descreve o processo criativo em todas as suas nuances. Tanto o livro quanto a crônica que o encerra são mais bem apreciados na versão áudio book, cuja narração é teatral e emocionante.

Ayn Rand tinha predileção por ópera e opereta, mais pelas melodias do que pelos libretos. Não apreciava a música moderna, do jazz ao rock'n'roll, por considerá-la ou muito barulhenta ou por violar regras de harmonia, resultando em cacofonia.

Para Ayn Rand, segundo seu entendimento do que é arte, a fotografia não poderia ser considerada como tal por servir apenas para retratar o que é dado, não sendo, portanto, produto da mente humana na tarefa de recriar o mundo conforme a visão metafísica do artista. Ainda assim, Ayn Rand entendia ser possível encontrar elementos artísticos na fotografia por envolver beleza na imagem, na forma e nas cores capturadas. Ayn Rand estendia essa ideia para outros objetos que, apesar de terem formas belas, até encantadoras, não seriam obras de arte por terem funcionalidade. Obviamente, o urinol de Duchamp não era arte, mas apenas a tentativa de desrespeitá-la.

Quanto à literatura contemporânea, ela gostava de estórias de detetive, onde houvesse investigação, como as escritas por Agatha Christie[89]. Seu pintor favorito era Vermeer[90], mestre holandês que combinava uma visão metafísica realista, com uma psicoepistemologia caracterizada pelo foco, pela clareza, pela precisão e pela existência de propósito na concepção e execução de suas obras pictóricas.

---

89. Agatha Mary Clarissa Christie (Torquay, Inglaterra, 1890~Wallingford, Inglaterra, 1976), escritora, romancista, contista, dramaturga e poetisa. Especializada no subgênero romance policial. Publicou mais de oitenta livros, alguns sob o pseudônimo de Mary Westmacott.
90. Johannes Vermeer (Delft, Holanda, 1632~Delft, Holanda, 1675) É o pintor holandês mais famoso e importante do período conhecido por Idade de Ouro Holandesa. Sua pintura era diferenciada e valorizada pelo uso das cores e a ênfase nos detalhes com o uso da luz.

OS CAMINHOS DA BRASILIDADE

Não há necessidade histórica fatalista e predeterminada.
A Revolta de Atlas não é uma profecia de nossa destruição
inevitável, mas um manifesto de nosso poder para evitá-lo,
se optarmos por mudar nosso curso[91].

Depois que estudamos filosofia, podemos desenvolver uma análise da história baseada não apenas nos fatos em si, mas também nas escolas de pensamento, nas visões de mundo e nas culturas que determinaram as ações das sociedades no que se refere à política e à economia.

Podemos afirmar, sem descartar a polêmica, que a humanidade percorre, essencialmente, dois caminhos antagônicos. Um segue a Escola Platônica[92] e a Escola Kantiana[93], que são basicamente subjetivistas, que dão primazia à consciência sobre a realidade, que privilegiam a dedução e o apriorismo[94] sobre o método indutivo de formação de conceitos e princípios, que favorecem a religiosidade, o dogma, o materialismo que pode ser identificado no marxismo ou numa espiritualidade desapegada metafisicamente da realidade e vinculada com a fé e a crença. É normalmente utilitarista e normativa, entende que o homem tem deveres para com a sociedade e que a obediência é o objetivo mais elevado que se pode esperar desenvolver no indivíduo. Escolas que veem o homem como um ser limitado, que reage apenas à dor. Que peca originalmente e está submetido aos caprichos, aos

---

91. Excerto do ensaio de Ayn Rand "Estaria Atlas se revoltando?", publicado em *Capitalismo: o Ideal Desconhecido*.
92. Ideias formuladas pelo filósofo Platão ou baseadas nos seus pensamentos.
93. Ideias formuladas pelo filósofo Immanuel Kant ou baseadas nos seus pensamentos.
94. Apriorismo, doutrina que defende ser o homem possuidor de conhecimento e moral inatas, ou a capacidade de formulá-los antes de lidar com as experiências e com a realidade.

vícios, e que vive hedonisticamente guiado pelo prazer. Essa é a trilha que defende o coletivismo, que estabelece a visão do homem como sendo um meio para um fim maior.

Por outro lado, como já foi mencionado no primeiro capítulo e repito e enfatizo agora, temos a Escola Aristotélica de pensamento, restaurada na Idade Média por Maimônides e Averróis, e mais tarde por Tomás de Aquino. Escola que foi amplamente promovida pelo Iluminismo, que produziu a Revolução Gloriosa, a Revolução Americana e a Revolução Industrial, e que acabou por criar os Estados Unidos da América, a primeira sociedade na história a institucionalizar o capitalismo, a partir da consolidação de uma mentalidade, até então inexistente, que compreende, aceita e defende que o homem é um fim em si mesmo.

O homem é capaz de criar riqueza suficiente para melhorar a vida de toda uma nação, como ocorreu com a sociedade americana, mesmo recebendo dezenas de milhões de indivíduos, imigrantes que fugiram da opressão de seus países, exatamente aqueles países cujas sociedades viviam sob a égide do coletivismo. A economia dos países mais próximos dos ideais do capitalismo é superior, por causa da filosofia que está no seu alicerce, a que advoga em favor da realidade, da razão e do autointeresse, aquela criada por Ayn Rand, o Objetivismo, a filosofia para se viver na Terra.

Os indivíduos que melhor aplicarem os princípios do Objetivismo, fazendo uma leitura correta da realidade, definindo racionalmente estratégias para lidar com ela por meio da sistematização das virtudes, principalmente na atividade empresarial, acabarão se destacando e promovendo a sua prosperidade e a da sociedade na qual estão inseridos. É claro que quanto mais livre for a sociedade, melhores serão os resultados individuais, e por consequência os coletivos.

Realidade, razão, autointeresse e propósito, pilares do Objetivismo, são também os fundamentos de qualquer plano bem estruturado de marketing, servindo para o desenvolvimento da atividade empresarial, do lançamento de bens e produtos, e para a própria vida do indivíduo que cria, produz e comercializa valor.

Até mesmo na guerra, será vitorioso o exército cujo comandante e seus subordinados fizerem a melhor leitura das condições apresentadas para o combate, do conhecimento das forças do inimigo e das suas próprias, que definirem as melhores estratégias e táticas e utilizarem os melhores recursos da forma mais econômica possível.

Qualquer brasileiro que inicia a extraordinária jornada literária proposta por Ayn Rand em *A Revolta de Atlas* chegará ao final com a impressão de que aquele não é um livro de ficção, mas um documentário que retrata em detalhes o que é o nosso país. Ayn Rand conseguiu retratar o nosso drama particular a partir da sua experiência de vida e suas formulações filosóficas.

A Revolta de Atlas e o Objetivismo nos ajudam a entender os problemas do Brasil com mais profundidade e para isso precisamos fazer uma retrospectiva histórica comentada levando em conta o legado que Ayn Rand nos deixou.

O Brasil foi fundado sob os desígnios do feudalismo[95]. Era uma época em que tudo era do Estado, o Estado era do rei e o rei era representante de Deus, sendo o Estado e a Igreja inseparáveis. Extrativismo, escravagismo, colonialismo, mercantilismo, perseguição, doutrinação e guerra eram os instrumentos políticos e econômicos daquela época obscura.

Nem os exemplos deixados por holandeses, quando estes dominaram parte do Nordeste brasileiro entre 1630 e 1654, desenvolvendo a região até serem expulsos pelos portugueses, nem as ideias inspiradoras legadas pelos americanos quando estes declararam a sua independência com a Revolução Americana, serviram para o Brasil mudar o seu rumo como colônia submetida e explorada pela matriz. Insurgentes

---

95. Sistema político, econômico e social que predominou na Europa Ocidental entre o início da Idade Média até a afirmação dos Estados modernos. Surgido da desagregação do Império Romano, do declínio da escravidão e do comércio, caracterizou-se pela ruralização da população, pela formação de senhorios e reinos bárbaros independentes e pela concentração de poder em âmbito local nas mãos de uma aristocracia rural que dominava a terra com grande autonomia, e subjugava a maior parte da população por meio do poder sobre a propriedade. O sistema se mantinha pelo monopólio das forças militares pela elite, pelo apoio da Igreja, por uma progressiva sustentação jurídica e ideológica, e por uma forte rede de obrigações entre os senhores feudais e seus vassalos e/ou súditos.

como Tiradentes[96] acabaram sendo derrotados em todas as tentativas de liberalizar o país.

Nem mesmo a abertura dos portos às nações amigas, ocorrida em 1808, pouco antes da independência, nem as iniciativas empreendedoras de um ou outro empresário, como Irineu Evangelista de Souza[97], que tentaram desenvolver a economia nacional por meio da iniciativa privada, conseguiram mudar a mentalidade nacional, que sempre deu primazia ao Estado sobre o empreendedorismo privado. Apesar da grandeza de seus feitos, Irineu Evangelista de Souza, o Barão de Mauá, acabou sendo boicotado pelo governo e faliu.

Nem a abolição da escravatura, nem as revoltas liberais, separatistas ou não, que de forma esparsa, invariavelmente sem força substantiva capaz de superar o poderio bélico do governo central, deflagradas em diferentes épocas e lugares do Brasil numa luta inglória contra o centralismo e os abusos da corte na cobrança de impostos e nas regulamentações, conseguiram alterar nossa mentalidade e organização política. Continuamos sendo um país de privilégios a serviço das oligarquias que orbitam em torno do governo central, que funciona como num sistema feudal e mercantilista.

A despeito do fim da monarquia, às portas do século XX, o Brasil continuou experimentando, com maior ou menor intensidade, sistemas ou regimes autoritários, sempre que se mostraram disponíveis no cardápio oferecido pela ética do coletivismo.

Já nos primórdios da República, a partir de 1889, e mesmo antes disso, tivemos forte influência do positivismo francês, doutrina racionalista

---

96. Joaquim José da Silva Xavier (Fazenda do Pombal, Brasil, 1746~Rio de Janeiro, Brasil, 1792), dentista, tropeiro, minerador, comerciante, militar e ativista político, liderou a Inconfidência Mineira, conspiração contra o domínio português. A trama foi descoberta pelas autoridades e Tiradentes foi preso, julgado e enforcado publicamente.
97. Irineu Evangelista de Sousa (Arroio Grande, Brasil, 1813~Petrópolis, Brasil, 1889), comerciante, armador, industrial e banqueiro brasileiro. Pioneiro na implantação de indústrias tão variadas quanto uma fundição de ferro, um estaleiro, uma ferrovia, barcos a vapor, a instalação da iluminação pública a gás na cidade do Rio de Janeiro, a criação do terceiro banco do Brasil e a instalação de um cabo submarino telegráfico entre a América do Sul e a Europa.

criada por Augusto Comte[98], que via no altruísmo, ou seja, no autossacrifício em prol da satisfação do interesse alheio, um dever moral.

Na Era Vargas[99], a partir da Revolução de 1930, principalmente durante o Estado Novo, experimentamos um regime ditatorial inspirado no fascismo europeu. Não satisfeito com isso, o governo brasileiro passou a colaborar com o governo nazista alemão. Não avançamos ainda mais nessa direção não por uma questão de princípios, mas por pragmatismo. Por pressão dos Estados Unidos, que ofereceram apoio financeiro, o Brasil decidiu por aliar-se contra os países do Eixo[100], os quais, pelo desenrolar da Segunda Guerra Mundial[101], já amargavam clara derrota.

Com a deposição de Getúlio Vargas, em 1945, iniciava-se o chamado período populista da política brasileira, com forte espírito nacionalista e expansionismo estatal ainda maior, cujos ícones foram a criação da Petrobrás, com a nacionalização da indústria do petróleo, e a construção da capital federal, Brasília. Nos últimos anos deste período da história brasileira, tivemos uma guinada ideológica, também coletivista, com a implantação no Brasil das chamadas reformas de base,

---

98. Isidore Auguste Marie François Xavier Comte (Montpellier, França, 1798~Paris, França, 1857), filósofo, formulou a doutrina do Positivismo. Cunhou a palavra "altruísmo" dando-lhe o significado de abnegação para o bem dos outros, entendida pelos Objetivistas como sinônimo de autossacrifício e antônimo de egoísmo ou autointeresse. O positivismo de Comte influenciou os militares e caudilhos brasileiros que proclamaram a República, como pode ser visto pelo lema escrito na bandeira nacional, "Ordem e Progresso".
99. Período no qual o Brasil foi governado por Getúlio Dornelles Vargas (São Borja, Brasil, 1882~Rio de Janeiro, Brasil, 1954), advogado e político, que liderou a Revolução de 1930. Foi presidente do Brasil por quase vinte anos, de 1930 até 1945 e de 1951 até 1954, quando se suicidou.
100. Acordo militar estabelecido em 1940 entre os governos da Alemanha, da Itália e do Japão.
101. Guerra global (1939~1945). Os Aliados (Estados Unidos, Inglaterra, União Soviética, entre outros países) enfrentaram e venceram as potências do Eixo (Alemanha, Itália e Japão). Cem milhões de pessoas de mais de trinta países se envolveram no conflito, que acabou com a tomada de Berlim e a explosão de duas bombas atômicas no Japão, levando os derrotados à rendição incondicional. Dezenas de milhões de pessoas morreram devido a genocídios (incluindo o Holocausto), fome, massacres e doenças. Alemanha e Japão foram ocupados, tribunais de crimes de guerra foram conduzidos contra líderes alemães e japoneses. Novos sistemas sociais e políticos foram implantados nesses países pelos Estados Unidos da América, permitindo o seu reerguimento moral e econômico. Na Itália, os fascistas que se associaram ao Eixo foram julgados e mortos pelos próprios italianos.

socializantes, alinhadas com as ideias marxistas que predominavam na União Soviética, na China e em Cuba, principalmente.

Ao longo das décadas de 1950 e 1960, o Brasil assistiu a duelos entre pensadores intervencionistas, representantes da escola desenvolvimentista, que viam no Estado o canal adequado para promover o crescimento econômico nacional, como Roberto Simonsen[102] e Celso Furtado[103] de um lado; e, de outro, economistas que viam no mercado a solução para os problemas do nosso subdesenvolvimento, como Eugênio Gudin[104]. Obviamente, os detentores do poder deram mais ouvidos aos intervencionistas do que aos liberais.

Estávamos em plena Guerra Fria[105]. Em meio à enorme tensão que se instalou entre os Estados Unidos e a União Soviética, as duas principais potências nucleares que dominavam o cenário político e militar de então, chegava ao poder no Brasil, em 1961, João Goulart[106], considerado herdeiro político e representante legítimo de Getúlio Vargas, que conduziria o país para mais uma empreitada ideológica com características coletivistas.

Tão logo assumiu, Jango, como era chamado, tentou implantar políticas estatizantes que indicavam o objetivo de estabelecer no Brasil um sistema político com inclinação marxista, com decretos com a mesma inspiração daqueles que foram defendidos pelo Partido dos Trabalhadores[107] quando esteve no poder e novamente agora:

---

102. Roberto Simonsen (Santos, Brasil, 1889~Rio de Janeiro, Brasil, 1948), engenheiro, industrial, intelectual, administrador, empresário, escritor e político brasileiro.
103. Celso Furtado (Pombal, Brasil, 1920~Rio de Janeiro, Brasil, 2004), economista brasileiro.
104. Eugênio Gudin Filho (Rio de Janeiro, Brasil, 1886~Rio de Janeiro, Brasil, 1986), economista liberal brasileiro, ministro da Fazenda entre setembro de 1954 e abril de 1955, durante o governo de Café Filho.
105. Período de tensão geopolítica entre os países ocidentais, liderados pelos Estados Unidos, e os países orientais, liderados pela União Soviética, que durou de 1947 até 1991. Pode ser resumido pelo confronto ideológico entre os países socialistas e capitalistas, sob a ameaça de um conflito nuclear.
106. João Belchior Marques Goulart, conhecido como Jango (São Borja, Brasil, 1919~Mercedes, Uruguai, 1976), advogado e político, foi o 24° presidente do Brasil, de 1961 a 1964.
107. Partido político de orientação marxista-leninista, criado em 1980. Governou o país entre 2002 e 2015, protagonizando os maiores escândalos de corrupção da história do Brasil, conhecidos como Mensalão e Petrolão.

a expropriação de terras, o controle da mídia, a nacionalização de empresas, o confisco de lucros, a reserva de mercados, entre outros que acabaram rejeitados pela sociedade brasileira, que em sua maioria apoiou a Revolução de 1964, protagonizada pelas Forças Armadas e apoiada pela Igreja e pela classe empresarial, com o propósito de afastar a ameaça do comunismo que estava em vias de implantação no país.

A tomada do poder pelos militares, segundo alardeavam, propunha a restauração das instituições republicanas e democráticas, o que acabou não acontecendo. Pelo contrário, a partir de 1967, o espírito liberalizante do movimento cívico original, formado para afastar a tirania marxista que tomava forma no governo trabalhista de Jango, foi asfixiado pelos detentores do poder, que estabeleceram um regime ditatorial que duraria aproximadamente 20 anos.

A disputa entre militares e comunistas durante aquele período não envolveu de nenhum lado a defesa da liberdade, mas sim a intenção de capturar o Estado para impor suas políticas intervencionistas com a censura à imprensa, às manifestações culturais que desafiassem a política reinante e o controle ferrenho da economia, cerceando a livre iniciativa e a propriedade privada.

Assim, a intervenção militar, que queria afastar o perigo do comunismo, perverteu-se transformando-se numa ditadura com características próximas daquela que queria combater. A sociedade brasileira, mais uma vez, marchava para um sistema político que tinha na coerção seu principal instrumento de organização social.

Como em qualquer regime fascista, estabeleceu-se a adesão de grupos empresariais às forças governamentais, não para proteger interesses legítimos, reivindicando respeito aos direitos de liberdade e propriedade, mas sim para demandar benesses e protecionismo, pautas de uma típica agenda corporativista.

É claro que a utilização do Estado como meio para a obtenção de privilégios não é exclusividade de regimes fascistas, no qual empresários se aproveitam do Estado para obter vantagens da sociedade que se encontra à mercê da tirania. Nos regimes socialistas, o equivalente ao empresário privilegiado é o burocrata ou o político de alta patente. Como exemplo perfeito disso podemos destacar o caso da Petrobrás, típica empresa estatal com todas as características de uma instituição socialista, na qual seus dirigentes enriquecem como poucos empreendedores em economias de livre-mercado.

Analogamente, os serviços estatais de inteligência reproduzem-se nos dois regimes. Se nas ditaduras fascistas ocorridas no Brasil havia o DIP[108] e o DOPS[109], nas ditaduras socialistas europeias existiam órgãos similares como a Stasi[110] e a KGB[111]. Até mesmo nos Estados Unidos da América, que a partir do início do século passado deixou de ser o país livre que seus Founding Fathers sonharam, encontramos organizações de vigilância doméstica como a NSA[112], que monitoram a vida dos cidadãos, subtraindo-lhes a privacidade sob o pretexto da segurança.

Governos fascistas ou socialistas, sob a justificativa irreal da busca do progresso e do desenvolvimento econômico e social, opõem-se à ordem espontânea impondo ao mercado uma planificação centralizada, onde os mais variados grupos de interesse travam uma luta corporativa para capturar o governo na espoliação da sociedade, com o uso da força, amparados por normas arbitrárias, subjetivas e ilegítimas.

Empresários imorais, sindicatos imorais, intelectuais imorais, jornalistas imorais, associações imorais buscam aquilo que não conseguiriam da sociedade num regime de liberdade, não fosse o uso da coerção estatal.

Qualquer pessoa que tenha estudado, com rigor científico, a evolução do comunismo na Revolução Russa ou do fascismo na Itália

---

108. Departamento de Imprensa e Propaganda, órgão criado em 1939 pelo Estado Novo. Difundia a ideologia do regime e promovia a censura contra os dissidentes. Existiu até 1945.
109. Departamento de Ordem Política e Social, criado em 1924, tinha o objetivo de prevenir e combater crimes de natureza política e social que colocassem em risco a segurança do Estado.
110. Stasi, abreviatura de *Ministerium für Staatssicherheit* [Ministério para a Segurança do Estado], foi a principal organização de polícia secreta e inteligência da República Democrática Alemã (RDA). Criada em 1950 e extinta em 1989.
111. KGB, Comitê de Segurança do Estado, foi a principal organização de serviços secretos da União Soviética, que desempenhou suas funções entre 1954 e 1991.
112. NSA, *National Security Agency* [Agência de Segurança Nacional] dos Estados Unidos, criada em 1952.

de Mussolini, ou ainda a ascensão do Nazismo na Alemanha sabe que todos esses episódios não passaram de iniciativas para a implementação de projetos de engenharia social semelhantes entre si. Projetos que se basearam na visão de mundo dos filósofos que tinham a lógica do coletivismo como princípio, aquela na qual o homem, antes de qualquer outra coisa, tem um dever: o de ser útil para a sociedade, ou, em última análise, para quem a controla, custe o que custar.

Essa sempre foi a trilha escolhida por nossos governantes, sustentada por corporativistas e apoiada por clientelistas de todas as camadas sociais. Por outro lado, as raras iniciativas liberalizantes que se pode ver em nossa história, tenham sido elas promovidas por forças dissidentes internas ou forasteiras, acabaram sempre sufocadas. No Brasil nunca prosperaram as ideias iluministas que transformaram outros países em sociedades livres e prósperas.

A história demonstra que a humanidade percorreu caminhos diversos ao longo dos últimos séculos. Algumas sociedades acabaram optando pelo coletivismo, onde o subjetivismo, a fé e a coerção predominam. Outras escolheram o caminho do individualismo, onde a objetividade, a razão e a liberdade têm primazia.

A história do Brasil evidencia que, ao longo de nossa trajetória, diante de todas as alternativas que se apresentaram à nossa frente, invariavelmente optamos pela pior, escolhendo sem pestanejar o caminho da servidão.

Qualquer pessoa que analise com cuidado a formação cultural, ética e política do Brasil, verá que a larga influência religiosa – que acredita na força da fé sobre a razão, que prega ser o altruísmo uma virtude, e o autointeresse um pecado – de um lado, e, de outro, a difusão da doutrina positivista – que vê nobreza no homem obediente, servidor do próximo, em nome do coletivismo, consequencialista e utilitarista –, nos trouxeram até onde estamos, estagnados em meio à violência e à miséria.

Não é preciso sair do Brasil para vermos os desastrosos resultados que se consegue alcançar quando as forças políticas escolhem, para nortear as relações entre os indivíduos que a compõem, ideias tão nefastas quanto as que temos experimentado ao longo de nossa história.

A influência de ideologias, religiosas ou seculares, com a arrogância e prepotência típicas dos que se consideram proprietários da verdade, tem nos afastado da compreensão daquilo que a própria realidade determina e nos indica.

A ignorância programada, arma dos poderosos, privilegia a efêmera e circunstancial felicidade que a fé ou a inconsciência podem proporcionar às massas, exortando-as a abdicarem da faculdade volitiva do uso da razão, do método científico indutivo e da lógica, evitando assim que possam compreender por si as soluções para as questões existenciais, estabelecendo como decorrência o império da autoridade.

A culpa e a inveja, alimentadas como forças-motrizes do espírito ressentido dos que se submetem à perversa obliteração da autoestima e da individualidade, servem para a formação de verdadeiros exércitos a serviço do mal e do nada, no combate autodestrutivo contra aqueles que ousam usar seu potencial para criar, produzir e comerciar, munidos apenas com a vontade dos que querem comandar o seu próprio destino, com independência e produtividade.

A supressão da privacidade, da liberdade, da propriedade, para favorecer algo, a pátria, a tribo, o grupo, o que for, desde que seja uma abstração não identificada, mutante, amorfa, imprecisa, sem nome, sem alma, sem vontade, mas que sirva de pretexto para a imposição, violenta e coercitiva, do desejo de quem está no poder, para decidir como manejar vidas, sonhos e bens, sempre em proveito próprio, pessoal, concreto e de forma divinamente justificada.

É desta maneira que temos escrito nossa história, sob a direção de mistificadores irracionais, planejadores liberticidas, cruéis coletivistas, parasitas tiranos – que pervertem os conceitos, a linguagem, a moral, a natureza do homem e da própria realidade, com o único propósito de conquistar o poder, pelo poder.

É neste ponto de minha narrativa que cabe colocar a mais famosa citação de Ayn Rand, feita por meio de seu personagem Francisco D'Anconia, um dos heróis de *A Revolta de Atlas*:

> Quando você vê que o comércio é feito não por consentimento, mas por compulsão; quando você vê que, para produzir, você precisa obter permissão de homens que não produzem nada; quando você vê dinheiro fluindo para quem negocia, não com mercadorias, mas com

favores; quando você vê que os homens ficam mais ricos por suborno e extorsão do que pelo trabalho, e suas leis não o protegem contra eles, mas os protegem contra você; quando você vê a corrupção sendo recompensada e a honestidade se tornando um autossacrifício, você pode saber que sua sociedade está condenada.

O caminho para a prosperidade não segue este roteiro. Para que uma sociedade prospere, é necessário que se reconheça a realidade como fonte, a razão como meio, os direitos individuais como fim e o uso da coerção como o mal a ser combatido incessantemente.

A correlação entre realidade, razão e autointeresse deriva de axiomas filosóficos que tratam do que existe, da identidade do que existe, das leis da natureza que regem o que existe, inclusive da natureza do nosso ser, da nossa consciência, dos valores objetivos e morais que nos permitirão existir como seres humanos e indivíduos que somos.

Por não vivermos isolados, mas por coexistirmos num mesmo contexto social, faz-se necessário que tenhamos um contrato social tácito, inquestionável e consensual. Neste contrato, diferentemente do que pregam os coletivistas, não se impõe deveres aos indivíduos para proverem bem-estar aos demais. Nesse contrato social imaginário deve ficar estabelecido, apenas, que a vida é o padrão de valor essencial, e que para que ela possa ser vivida, cada indivíduo possui direitos inalienáveis, sendo estes o direito à liberdade, o direito à propriedade e o direito à busca da felicidade.

O sistema político que integra estes princípios, conceitos e ideias, nunca, em momento algum da nossa história e em lugar algum do nosso território foi sequer tentado. De todos os *ismos* que já experimentamos, resta-nos para experimentar apenas mais um, o capitalismo. E por que o capitalismo nunca foi tentado?

Porque no Brasil ainda não estamos preparados para fazer o juramento proposto por John Galt no final de seu discurso em *A Revolta de Atlas*:

> Eu juro pela minha vida e pelo meu amor por ela que nunca irei viver em função de outro homem, nem vou pedir a outro homem que viva em função de mim.

O ILUMINISMO TARDIO

*O único perigo, para uma economia mista, é qualquer valor,
virtude ou ideia que não possa ser comprometido. A única ameaça
é qualquer pessoa, grupo ou movimento intransigente.
O único inimigo é a integridade*[113].

Se havia no Brasil alguma centelha que por acaso tivesse escapado das tênues chamas que esporadicamente iluminaram com ideias liberais o cenário social e político nos séculos XVIII e XIX, essas atravessaram décadas como cinzas, até serem reavivadas para produzir luz novamente na segunda metade do século XX, graças ao esforço de um punhado de homens.

Intoxicada pelo racionalismo continental de René Descartes, que acredita na moral e no conhecimento inatos; pelo contra-Iluminismo de Jean-Jacques Rousseau, que defende um suposto contrato social; pelo ceticismo de David Hume[114], que separa fatos da lógica e da moralidade e coloca em dúvida a própria lei da causalidade; pelo idealismo alemão de Kant, Hegel e Marx, que fundam a filosofia do irracional; pelo positivismo de Auguste Comte, pelo vanguardismo de Ionesco[115] e o naturalismo forçado de Brecht[116], pelo existencialismo de Sartre[117] e Camus[118], e prontos para o pós-modernismo de Marcuse[119],

---

113. Excerto do artigo de Ayn Rand "O novo fascismo: governo por consenso", publicado em *Capitalismo: o Ideal Desconhecido*.
114. David Hume (Edimburgo, Escócia, 1711~Edimburgo, Escócia, 1776), filósofo, historiador e ensaísta, era um empirista e cético radical.
115. Eugène Ionesco (Slatina, Romênia, 1909~Paris, França, 1994), teatrólogo.
116. Bertholt Brecht (Augsburg, Alemanha, 1898~Berlim, Alemanha, 1956), dramaturgo e poeta.
117. Jean-Paul Charles Aymard Sartre (Paris, França, 1905~Paris, França, 1980), filósofo, escritor.
118. Albert Camus (Mondovi, Argélia, 1913~Villeblevin, França, 1960), escritor, filósofo, romancista, dramaturgo, jornalista e ensaísta.
119. Herbert Marcuse (Berlim, Alemanha, 1898~Starnberg, Alemanha, 1979), sociólogo e filósofo alemão naturalizado norte-americano, integrava a Escola de Frankfurt com Max Horkheimer, Walter Benjamin, Theodor Adorno, Jürgen Habermas e Herbert Marcuse.

Adorno[120], Foucault e Derrida, que lançam um ataque à própria linguagem –, a intelectualidade que dominava a cultura e a academia no Brasil, nas ciências humanas, filosofia, economia, história, jornalismo e sociologia, era avessa ao individualismo, à racionalidade, ao liberalismo clássico e ao capitalismo mais básico.

O máximo que os filósofos, sociólogos e economistas com viés coletivista-estatista se permitiam discutir, ainda assim com certa náusea, era o liberalismo social defendido por José Guilherme Merquior, que, muito culto e articulado, era objeto de estudos dos que colocam o ideal da igualdade acima da liberdade. Merquior buscava uma síntese entre Keynes[121] e Mill, defendendo que o Estado distribuísse algo em prol de mais igualdade, sem tirar a liberdade de mercado a ponto de impedir que esse algo pudesse ser criado e produzido, ideia também defendida por John Rawls, com sua visão de justiça social, que havia sido muito criticada por Robert Nozick[122] e, ainda mais, e com melhores argumentos, por Ayn Rand, que criticava a todos expondo as incongruências nas ideias daqueles pensadores.

Até o final da década de 1970, a teoria de valor intrínseco, presente nas obras de David Ricardo[123], Adam Smith e Karl Marx ainda monopolizava o debate econômico. As ideias de Paul Samuelson[124] dominavam o ambiente acadêmico. Qual estudante ou professor de economia daquela época não se lembra da curva de Phillips? O keynesianismo impregnado nas mentes dos cientistas políticos e econômicos era tão intenso, que o primeiro prêmio Nobel dado a um economista americano foi para Paul Samuelson, em 1970. A escola dos economistas

---

120. Theodor Ludwig Wiesengrund-Adorno (Frankfurt am Main, Alemanha~Visp, Suíça, 1969) filósofo, sociólogo, musicólogo e compositor. Um dos expoentes da chamada Escola de Frankfurt.
121. John Maynard Keynes (Cambridge, Inglaterra~Tilton, EUA, 1946), economista cujas ideias revolucionaram a teoria macroeconômica e as políticas econômicas instituídas pelos governos.
122. Robert Nozick (Nova Iorque, EUA, 1938~Nova Iorque, EUA, 2002), proeminente filósofo e professor da Universidade Harvard.
123. David Ricardo (Londres, Inglaterra, 1772~Gatcombe Park, Inglaterra, 1823), economista, político e investidor.
124. Paul Anthony Samuelson (Gary, EUA, 1915~Middlesex, EUA, 2009), economista, foi um dos maiores divulgadores do pensamento keynesiano nos EUA.

prescritivos, que por meio de suas fórmulas e analogias com as ciências exatas como a física e a química tratavam o mercado como laboratório e os agentes econômicos como cobaias, alcançava seu auge.

Foi durante a década de 1970 que Henry Maksoud[125] adquiriu e desenvolveu a revista Visão para difundir as ideias liberais, até então eram desconhecidas do público em geral e haviam sido banidas da academia. Maksoud financiou a tradução, edição e publicação de muitos livros sobre liberalismo com a ajuda de seu editor, José Ítalo Stelle, que cotraduziu para o português obras do filósofo e economista austríaco Friedrich Hayek, praticamente desconhecidas ou ignoradas pelos cursos de direito ou economia.

Não satisfeito, o próprio Maksoud chegou a escrever e publicar diversas obras. Entre 1977 e 1981, trazido por Henry Maksoud, Friedrich Hayek, agraciado com Prêmio Nobel de Economia em 1974, veio ao Brasil em três oportunidades para uma série de palestras em universidades brasileiras, inclusive a Universidade Federal de Santa Maria, no Rio Grande do Sul. Além das publicações gráficas, Maksoud disseminava as ideias liberais em palestras que fazia pelo Brasil e por meio de um programa de televisão no formato *talk-show*, que se chamava "Henry Maksoud e você", para o qual o empresário comprava o espaço com seus próprios recursos. Quem também o assessorou com os trabalhos literários foi o advogado Cândido Prunes, que, mais tarde, junto com o empresário e ativista Winston Ling, faria a tradução e revisão de *A Virtude do Egoísmo*, de Ayn Rand, publicado pela Editora Ortiz com o apoio do IEE, então presidido por André Loiferman.

Em 1983, somou-se ao esforço de Maksoud na difusão das ideias liberais Donald Stewart Jr.[126], empresário carioca, bem-sucedido na área de shopping centers depois de ter sido levado à falência pelo

---

125. Henry Maksoud (Aquidauana, Brasil, 1929~São Paulo, Brasil, 2014), engenheiro civil, engenheiro eletricista, empresário e fundador do hotel Maksoud Plaza. Foi também dono da revista Visão e da Hidroservice, empresa de engenharia e de projetos, responsável por aeroportos como o Tom Jobim e Galeão, no Rio de Janeiro.

126. Donald Stewart Jr. (Rio de Janeiro, Brasil, 1931~Rio de Janeiro, Brasil, 1999), empresário e grande defensor da liberdade no Brasil. Participou de diversos *think tanks* liberais, entre eles a Sociedade Mont Pèlerin, o CATO Institute, a Atlas Foundation, o Fraser Institute e o Liberty Fund.

governo como empreiteiro, que fundou o Instituto Liberal, organização responsável pela institucionalização do movimento liberal, ainda em forma embrionária no Brasil.

A estratégia para a difusão das ideias liberais considerava serem relevantes a tradução e publicação de livros e artigos de autores das mais variadas correntes do pensamento liberal, além da promoção de cursos e palestras pelo país, para o que contou com o auxílio de José Ítalo Stelle, antigo assessor de Henry Maksoud, como também de Og Leme, economista ligado à Escola de Chicago e que havia assessorado Roberto Campos quando este esteve no governo Castello Branco[127], e de Alexandre Guasti, que também traduzia ou revisava as publicações, tendo sido, em 1989, o editor das obras completas de Fredéric Bastiat traduzidas e publicadas no Brasil.

Foi Donald o responsável pela publicação da primeira edição de *A Revolta de Atlas* com o título *Quem é John Galt?*, além dele próprio traduzir e publicar a obra-prima do economista austríaco Ludwig von Mises[128], *Ação Humana*, livro que introduziu a escola austríaca de economia no Brasil. Intelectuais que defendiam o liberalismo clássico acabaram encontrando no Instituto Liberal o apoio para a divulgação de suas ideias, como foi o caso de pensadores como Alberto Oliva, Ricardo Vélez-Rodríguez e José Osvaldo de Meira Penna, entre outros.

Em 1984, o sistema de governo autoritário nacional-desenvolvimentista, imposto pelos militares e os tecnocratas que os assessoravam, se esgota. Os problemas políticos e econômicos se acumulam e os militares então preparam a transição para a democracia constitucional.

Os militares cansaram e desistiram de governar o Brasil. O legado não podia ser pior. Estatização da economia[129], inflação galopante[130],

---

127. Humberto de Alencar Castello Branco (Fortaleza, Brasil, 1897~Fortaleza, Brasil, 1967), militar e político. Foi o 26º presidente do Brasil, e primeiro do regime militar.
128. Ludwig Heinrich Edler von Mises (Leópolis, Áustria, 1881~Nova Iorque, EUA, 1973), economista um dos principais teóricos da Escola Austríaca de pensamento econômico.
129. Foram criadas 47 empresas estatais que se somaram às já existentes, criadas por Getúlio Vargas (Petrobrás, Vale, CSN e BNDES) e Juscelino Kubitschek (Furnas e Rede Ferroviária Federal), entre outras de menor porte ou subsidiárias.
130. A unidade monetária nacional, o Cruzeiro, tinha em 1985, apenas 0,01% do valor que tinha em 1964.

aniquilação das lideranças políticas liberais[131], difusão do marxismo, do gramscismo e do pós-modernismo nas universidades de todo o país, predomínio maciço do coletivismo e do subjetivismo na cultura. Empresas e trabalhadores sofriam enormemente com a perda de poder aquisitivo, com a regulamentação e a tributação crescentes. Cinturões de pobreza passam a fazer parte da cena urbana brasileira. Aumento da criminalidade, do desemprego, entre outros problemas.

A situação social, política e econômica nacional se agravava e, em determinadas regiões, como no Rio Grande do Sul, eram ainda piores do que a média nacional. O Rio Grande do Sul é tradicionalmente adepto do positivismo castilhista[132] e do trabalhismo getulista[133], doutrinas coletivistas estatistas que transformaram o empresariado e os trabalhadores gaúchos em agentes do corporativismo.

Os líderes empresariais, geralmente, em vez de pedirem mais respeito por parte do governo aos direitos individuais e instituições como a livre iniciativa, a propriedade privada, o Estado de Direito e o livre mercado, pilares do capitalismo, pediam mais privilégios, mais subsídios, mais reserva de mercado, mais proteção contra a concorrência de empresas nacionais ou estrangeiras.

A intervenção estatal no período militar era ampla, geral e irrestrita, consistindo em censura sobre temas políticos que afetava jornais e revistas, censura sobre os costumes, cujos alvos eram as peças teatrais, músicas e filmes nacionais ou estrangeiros.

Nada disso impediu que fôssemos receptivos à revolução cultural que varreu o mundo, mudando comportamentos de Paris a São

---

131. O Ato Institucional nº 5, decreto editado em 13 de dezembro de 1968, no governo do marechal Costa e Silva, promoveu cassações, suspensão de direitos políticos, demissões e aposentadorias forçadas, inclusive de líderes como o deputado federal Carlos Lacerda e o ex-presidente Juscelino Kubitschek.

132. O castilhismo ou positivismo castilhista surge como ideologia em 1882, com a fundação do jornal *A Federação*, por Venâncio Ayres, Júlio de Castilhos e Pinheiro Machado, dentre outros e, posteriormente com o PRR – Partido Republicano Riograndense. Era uma corrente política que apostava na modernização econômica, que sofreu forte influência do positivismo de Auguste Comte.

133. O trabalhismo surge com Getúlio Vargas, quando este, ao tomar o poder na Revolução de 1930, implementa ideias corporativistas contidas na doutrina fascista de Mussolini.

Francisco, de Londres a Nova Iorque e ao Rio de Janeiro. A nova geração dos *baby-boomers* queria paz e amor embalada pelos avanços da tecnologia, pela música dos Beatles, pela irreverência psicodélica dos *hippies*, pela *pop art chic* de Andy Warhol, pelos filmes claustrofóbicos de Ingmar Bergman, ou niilistas de Glauber Rocha, ou futuristas de Stanley Kubrick ou de protesto político de Costa-Gravas.

Na economia, somente no governo Geisel[134] foram criadas dezenas de estatais, e o mercado era controlado de tal forma que foi proibida a importação de equipamentos de informática, assim como de automóveis, por conta da nefasta política de substituição de importações para proteger a indústria nacional, que não tinha tecnologia, nem qualidade e nem preços competitivos, comparados com a nascente indústria que criaria a Revolução Digital a partir do Vale do Silício na Califórnia, EUA, da qual o Brasil, como acontecera quando da Revolução Industrial, ficou de fora e só a aproveitou parcial e tardiamente.

Não podemos esquecer dos decretos-lei que criavam, entre outras arbitrariedades, empréstimos compulsórios como aquele no qual o governo exigia que qualquer pessoa que fosse viajar para o exterior tivesse que depositar uma importância significativa no Banco do Brasil para que pudesse deixar o país.

Enquanto o Brasil insistia com sua economia mista, com forte intervenção estatal, o resto do mundo seguia o caminho inverso. Nos Estados Unidos, o presidente Ronald Reagan[135] iniciava, em 1981, seu programa de desregulamentação e redução de impostos; na Inglaterra, a primeira-ministra Margareth Thatcher[136], entre 1980 e 1990, desregulava a economia, privatizava empresas estatais, reduzia impostos e enfrentava os sindicatos; até na China, a partir de 1982,

---

134. Ernesto Beckmann Geisel (Bento Gonçalves, Brasil, 1907~Rio de Janeiro, Brasil, 1996), político e militar, entre 1974 e 1979 foi o 29º presidente do Brasil, e quarto do regime militar.
135. Ronald Wilson Reagan (Tampico, EUA, 1911~Los Angeles, EUA, 2004), ator e político, foi o 40º presidente dos Estados Unidos, de 1981 a 1988.
136. Margaret Hilda Thatcher, (Grantham, Inglaterra, 1925~Londres, Inglaterra, 2013), política, exerceu o cargo de primeira-ministra do Reino Unido de 1979 a 1990.

Deng Xiaoping[137], secretário-geral do Partido Comunista Chinês, desenvolvia seus programas para a abertura do mercado com a liberalização da economia e privatização de empresas estatais. Austrália e Nova Zelândia seguem o exemplo da primeira-ministra britânica, liberalizam e privatizam a economia, o que, como os demais países citados, garante décadas de desenvolvimento econômico e social.

No início de 1984, o jornal Zero Hora de Porto Alegre organizou uma mesa-redonda com um grupo de jovens empresários que atuavam na direção de empresas familiares, para debater e identificar soluções para a crise econômica. As opiniões seriam compiladas e o material publicado pela editoria de economia do jornal.

Ao final do encontro, eu e meu amigo e ex-colega de faculdade, William Ling, havíamos sido os únicos a defender que o governo deixasse de intervir na economia, abrindo espaço para que as soluções necessárias para o desenvolvimento do país viessem por meio do mercado, cabendo ao Estado apenas a função de prover segurança e justiça. Algumas semanas depois, William e eu conversarmos sobre a ideia que ele tinha de criar um instituto focado na formação de líderes empresariais que viessem a atuar nas entidades de classe para defender princípios e valores que permitissem melhor ambiente de negócios, além de desenvolver a capacidade produtiva das empresas por meio da melhora na gestão empresarial com cursos especializados. Concordamos com a constituição de uma entidade que defendesse as ideias liberais que nossos colegas empresários corporativistas sempre rejeitaram.

Assim, reunimos outros jovens empresários para criarmos o que viria a ser o Instituto de Estudos Empresariais – IEE. Lembro que enquanto estávamos criando a entidade, fomos procurados pelo então presidente da Federação das Associações Comerciais do Rio Grande do Sul – FEDERASUL, César Rogério Valente, que nos propôs que, em vez de iniciarmos uma instituição nova, criássemos uma ala jovem na própria entidade que ele presidia. Fizemos uma votação entre os

---

137. Deng Xiaoping (Guanguian, China, 1904~Pequim, China, 1997), líder supremo da República Popular da China entre 1978 e 1992. Promoveu a modernização e abertura econômica da China.

fundadores do IEE e a proposição foi rejeitada por unanimidade. Queríamos ser independentes para podermos influenciar qualquer entidade empresarial com a participação dos nossos associados.

O IEE foi criado no final daquele ano de 1984, tendo William Ling como primeiro presidente, por ter sido o visionário que idealizou e materializou aquela que acabaria se tornando a mais efetiva instituição na defesa e promoção do liberalismo no Brasil e na formação de jovens alinhados com as ideias liberais.

Foi na gestão de William Ling que o IEE, uma instituição voltada para o futuro, organizou uma viagem técnica ao Japão, em 1985, que nos proporcionou visitar o que havia de mais avançado em termos de tecnologia industrial e comercial no mundo. Conhecemos empresas de ponta como a Panasonic, Toshiba, Canon, Isuzo, Kawasaki Steel e a loja de departamentos Seibu, além de mantermos reuniões com lideranças empresariais e participarmos da Feira Mundial de Tsukuba. Fomos pelo IEE William Ling, Renato Malcon e eu, além de empresários do centro do país, conhecidos nossos, que aproveitaram a oportunidade.

O Japão, assim como ocorrera antes com a Alemanha, conseguiu em menos de quatro décadas, recuperar uma nação que havia sido totalmente arruinada por uma guerra devastadora, que incluíra a detonação de duas bombas atômicas, e que exatamente por adotarem instituições que constroem sociedades civilizadas, alcançaram um nível de desenvolvimento equiparável apenas ao país que o derrotou, os Estados Unidos da América, e precisava ser visto de perto. Foi o que fizemos, pois tínhamos a convicção que o Brasil, que saía de uma ditadura fascista que atrasara muito o nosso desenvolvimento, poderia trilhar o mesmo caminho. Pelo menos esse era o nosso sonho, como idealistas que éramos.

Em 15 de janeiro de 1985, por meio do processo de eleição indireta que havia sido utilizado para eleger os presidentes militares, o colégio eleitoral elegeu Tancredo Neves[138] para suceder o general

---

138. Tancredo de Almeida Neves (São João del Rei, Brasil, 1910~São Paulo, Brasil, 1985), advogado, empresário e político. Tendo sido eleito presidente da República, acabou adoecendo um dia antes da sua posse, vindo a falecer dias depois.

João Figueiredo[139], último presidente militar a ocupar o Palácio do Planalto. No dia 14 de março, na véspera da posse, Tancredo Neves adoece e é internado. Seu vice-presidente, José Sarney[140], assume temporariamente. Dias depois, Tancredo Neves morre e José Sarney torna-se, definitivamente, presidente da República.

Prometida para ocorrer em 1966, finalmente, a chefia de estado e de governo voltava para as mãos de um civil. Isso encerraria duas décadas de ditadura militar. A expectativa geral era de que dali em diante a nação brasileira retornaria à normalidade institucional, reinstaurando o processo democrático. No entanto, o que se viu foi a inauguração de uma sucessão de governos populistas e demagógicos que, com uma série de medidas intervencionistas autoritárias, agravavam os desequilíbrios deixados pelos governos militares.

Em 1986, Winston Ling cria o Instituto Liberal do Rio Grande do Sul, com o apoio dos grupos empresariais gaúchos Gerdau, Iochpe e Olvebra – que já apoiavam o Instituto Liberal criado anteriormente por Donald Stewart Jr. – e me convida para ocupar a vice-presidência.

Neste mesmo ano, assumi a presidência do IEE, sucedendo William Ling. Com meus colegas de diretoria, Mathias Otto Renner, Frederico Lanz, Luiz Flaviano Girardi Feijó, Mauro Touguinha de Oliveira e José Pedro Sirotsky, estruturamos a entidade em uma sede, na qual montamos uma biblioteca onde se podia encontrar todos os livros publicados no Brasil pelo Instituto Liberal e pela Editora Visão; contratamos um secretário-executivo, o jovem Nino Anele, peça-chave para o desenvolvimento do Instituto, que trabalhou na função assessorando inúmeros presidentes; editamos e publicamos um jornal com notícias do IEE, artigos escritos pelos associados e entrevistas feitas com eles sobre temas da atualidade que chamamos de "Proposta"; criamos uma imagem institucional para o IEE por meio de uma logomarca que seria

---

139. João Baptista de Oliveira Figueiredo (Rio de Janeiro, Brasil, 1918~Rio de Janeiro, 24 de dezembro de 1999) foi um militar, político e geógrafo brasileiro. Foi o 30º presidente do Brasil, de 1979 a 1985, e último do regime militar.
140. José Sarney de Araújo Costa, (Pinheiro, Brasil, 1930~), advogado, político e escritor brasileiro, serviu como o 31º presidente do Brasil, de 1985 a 1990, ao assumir no lugar do presidente eleito Tancredo Neves.

reconhecida no mundo todo por meio das iniciativas protagonizadas pelas gestões seguintes; e, mais importante que tudo, aprovamos uma declaração de princípios redigida por William Ling e que tem sido seguida ano após ano. Diz a declaração:

> **Missão:** Formar lideranças empresariais que se comprometam com um modelo de organização social e política para o Brasil baseado no ideal democrático de liberdades individuais, subordinadas ao Estado de Direito.
> **Visão:** Ser o melhor Centro de Desenvolvimento de Lideranças Empresariais do Brasil.
> **Valores:** Liberdade, Responsabilidade Individual, Estado de Direito, Propriedade Privada.
> **Princípios:** Coerência e Convicção, Independência, Coesão e Respeito Individual, Compromisso com o Futuro.

Junto com o Instituto Liberal do Rio Grande do Sul, presidido por Winston Ling, promovemos o I Ciclo de Palestras sobre o Liberalismo, com o objetivo de debater sobre as ideias da liberdade. Participaram do evento Álvaro Alsogaray, ex-ministro da Economia da Argentina; José Guilherme Merquior, acadêmico, diplomata e escritor brasileiro; Og Leme, professor, economista e acadêmico brasileiro; Armando de La Torre, teólogo, escritor e jornalista cubano; Enrique Gershi, jurista e filósofo peruano; e o filósofo e economista brasileiro Francisco Araújo Santos. Apesar do elevado nível do evento, houve pouco interesse por parte do público e da imprensa. Vimos que a tarefa de divulgar as ideias que defendíamos seria muito mais difícil do que pensávamos.

Em 1986, com a alegação de conter a hiperinflação, o governo Sarney lança o chamado Plano Cruzado, o primeiro de uma série de pacotes intervencionistas que insistiam em atacar apenas as consequências dos problemas que o próprio governo causava.

Na época, a sociedade brasileira se dividia, a maioria apoiava o Plano Cruzado, achando que ele iria resolver os problemas milagrosamente. Poucos tinham consciência da ineficácia das ações econômicas que estavam sendo implementadas e que eram claramente irracionais, liberticidas e catastróficas para o desenvolvimento sustentável do país.

Até mesmo as vítimas da intervenção estatal achavam moral sacrificar seus próprios interesses para atender às demandas do governo, imaginando que estavam contribuindo para o bem comum.

Lembro de ter participado de reuniões com líderes de associações de classe, com professores de economia, em debates pela TV e pelo rádio, e ficava pasmo quando tentava, sem sucesso, demonstrar que as iniciativas do governo contrariavam a lógica do mercado e ignoravam os fundamentos da ciência econômica mais elementares. Ter conhecimento das ideias de pensadores liberais como Frédéric Bastiat[141], Milton Friedman, Friedrich Hayek, Ludwig von Mises, Murray Rothbard[142], cujos livros recém-começavam a ser publicados no Brasil, os quais estudávamos em profundidade no IEE, ajudava muito na elaboração dos argumentos, mas parecia que sempre faltava algo mais para fundamentar nossas posições.

A economia continuava indo de mal a pior, e as sucessivas intervenções governamentais no mercado, com medidas coercitivas extremas, apenas agravavam os problemas. Congelamentos de preços, trocas sucessivas de moedas, deságios na conversão da moeda antiga pela nova, corte de zeros no valor nominal do dinheiro, empresários sendo presos, acusados de aumentar preços ilegalmente ou por esconderem seus estoques de produtos, desabastecimento e escassez, propriedades rurais e frigoríficos sendo invadidos por policiais para confiscar mercadorias nos armazéns ou gado nos pastos, lojas e supermercados sendo fechados por órgãos de fiscalização e seus gerentes sendo destratados publicamente e processados, cidadãos instigados a agir como fiscais do governo, empresas falindo, desemprego crescente, insegurança jurídica e instabilidade econômica –, quanto mais o governo regulava, mais caótica a economia ficava.

---

141. Claude Frédéric Bastiat (Baiona, França, 1801~Roma, Itália, 1850), economista e jornalista, escreveu suas obras durante os anos que antecederam e sucederam a Revolução de 1848.
142. Murray Newton Rothbard (Nova Iorque, EUA, 1926~Nova Iorque, EUA, 1995), filósofo, economista e historiador. Era membro destacado da Escola Austríaca de pensamento econômico. Ajudou a definir o conceito moderno de libertarianismo ou anarcocapitalismo.

Ainda em 1986, como presidente do IEE, tive uma reunião da qual participaram também Winston Ling, como presidente do Instituto Liberal do Rio Grande do Sul e Cláudio Riff Moreira, como presidente da Associação de Jovens Empresários, com o então ministro Dilson Funaro[143], que havia recém-criado e implantado o famigerado Plano Cruzado.

A reunião se deu por iniciativa da FIERGS – Federação das Indústrias do Rio Grande do Sul, que nos concedeu o privilégio de conversar com o ministro. Enquanto aguardávamos nossa reunião com ele, que seria a última de uma longa série que durara a tarde inteira, pudemos assistir o ministro sentado em uma poltrona como se estivesse num trono, ouvindo os presidentes dos sindicatos filiados à FIERGS, que se sentavam um a um em um pequeno banco ao seu lado, para pedir a ajuda do governo que os estava aniquilando. A cena patética era revoltante. Assistíamos ao vivo o que Ayn Rand chamava de a sanção das vítimas.

Quando chegou nossa oportunidade, entreguei ao ministro a escultura que dávamos no IEE aos que palestravam nos nossos eventos, que consistia em uma asa-delta estilizada. Disse para ele que a simbologia da asa-delta representava que mesmo em um esporte radical como aquele, era preciso saber que para alçar voo e voltar ao solo ileso era preciso sonhar, mas manter os pés no chão, coisa que no plano que ele havia adotado não ocorria. Não passava de uma aventura cujas consequências eram imprevisíveis.

Além disso, li uma carta ao ministro, na qual fizemos uma crítica ao plano Cruzado tão contundente, que apesar de bem embasada, o vice-presidente da FIERGS que havia nos concedido o privilégio, me disse que eu nunca mais colocaria os pés na entidade enquanto ele a dirigisse. Completou afirmando que aquilo não era jeito de se dirigir a um governante, ainda mais um que estava acabando com a inflação galopante que existia no Brasil e que iria promover o desenvolvimento que o país precisava.

---

143. Dilson Domingos Funaro (São Paulo, Brasil, 1933~São Paulo, Brasil, 1989) empresário, foi presidente do BNDES e ministro da Fazenda do Brasil durante o governo José Sarney, de 1985 a 1987.

Poucos meses depois, quando o plano econômico provou ter sido uma falácia e que o ministro e o presidente usavam os empresários como bodes expiatórios, como se fôssemos culpados pela inflação, logo, pela perda de poder aquisitivo da moeda, que provocava o aumento generalizado de preços por um lado e a escassez de produtos por outro por conta dos congelamentos e tabelamentos de preços impostos pelo governo, aquele mesmo dirigente da FIERGS me ligou para pedir desculpas, admitindo que naquela ocasião em que nos dirigimos ao ministro tínhamos absoluta razão contra o pensamento da imensa maioria dos líderes das entidades empresariais, que sempre viram o corporativismo, característica dos sistemas de economia mista com bons olhos, principalmente no Rio Grande do Sul, com arraigada influência do positivismo castilhista e do trabalhismo getulista.

Na medida em que o governo endurecia as ações intervencionistas e os resultados não apareciam, os empresários começavam a tomar consciência de que os planos governamentais mais prejudicavam do que ajudavam a economia, sentindo-se acuados pela coerção estatal, e reuniam-se para tentar entender o que estava acontecendo com a política e com a economia do país. Queriam saber que perspectivas seus negócios tinham perante o caos criado pelo governo.

O governo agia sem limites. Os direitos individuais dos brasileiros estavam sendo claramente violados. As leis que implantavam as medidas econômicas pervertiam qualquer noção de Estado de Direito. Normas complexas, incompreensíveis, inexequíveis, retroativas, que desprezavam contratos particulares eram decretadas a todo momento. Chamávamos aqueles planos econômicos que eram impostos de planos heterodoxos.

As análises abordavam as questões econômicas com ênfase nos seus aspectos técnicos. Sim, tratar das consequências econômicas da intervenção governamental era urgente e necessário, mas não era suficiente.

Em nenhum momento a sociedade brasileira questionava se essas ações eram morais, se a ética sobre a qual elas foram erigidas estava correta. O povo aplaudia a coerção sobre pessoas inocentes e o simples ato de empreender poderia se tornar um crime. O descalabro promovido pelo governo agravou tanto a situação econômica da sociedade brasileira que aquele período histórico foi chamado de "a década perdida".

Em 1987, a elite do empresariado brasileiro reuniu-se em Guarujá, no hotel Casa Grande, para debater propostas à Constituição Federal que seria elaborada pela Assembleia Constituinte[144] convocada para isso. Lá estivemos eu e Winston Ling, como representantes do IEE e do IL-RS, respectivamente.

Naquele congresso formaram-se duas alas, uma de empresários liberais, defensores do livre mercado, liderados por Donald Stewart Jr, que fez um discurso efusivo em defesa do capitalismo e da necessidade do país adotar esse sistema como meio para o desenvolvimento econômico da sociedade; e outra, de empresários corporativistas, sempre ligados ao governo para usufruírem das suas benesses, liderados pelo empresário Norberto Odebrecht[145], que hoje sabemos estar profundamente envolvido nos escândalos de corrupção promovidos pelo Partido dos Trabalhadores e seus cúmplices.

Obviamente, como demonstra a história recente do Brasil, as propostas liberalizantes foram totalmente ignoradas, mesmo havendo na Assembleia Constituinte gente como o senador Roberto Campos[146], que a certa altura de sua vida teve momentos de epifania que o fizeram abandonar seu pendor para a social-democracia e o nacional-desenvolvimentismo coletivista e estatista, para abraçar a causa liberal, tornando-se inclusive seu principal porta-voz.

---

144. Assembleia Nacional Constituinte de 1987, instalada no Congresso Nacional, em Brasília, em 1º de fevereiro de 1987, conforme a Emenda Constitucional nº 26, de 1985, para elaborar uma constituição democrática para o Brasil, após 21 anos de regime militar.
145. Norberto Odebrecht (Recife, Brasil, 1920~Salvador, Brasil, 2014), engenheiro e empresário, fundador do Grupo Odebrecht.
146. Roberto de Oliveira Campos (Cuiabá, Brasil, 1917~Rio de Janeiro, Brasil, 2001), economista, professor, escritor, diplomata e político, foi cônsul e embaixador em Washington, EUA, onde cursou Economia. Fez parte da Conferência de Bretton Woods, que criou o Fundo Monetário Internacional e o Banco Mundial. Atuou nas Nações Unidas, em Nova Iorque, onde fez sua pós-graduação em Economia pela Universidade de Colúmbia. Foi um dos idealizadores da Petrobras, autarquia criada no governo Getúlio Vargas. No governo Juscelino Kubitschek, presidiu o BNDES – Banco Nacional de Desenvolvimento Econômico e Social. Foi ministro do Planejamento do governo Castelo Branco, promovendo reformas econômicas como a criação do Banco Central do Brasil, do Estatuto da Terra e do FGTS. De 1982 a 1997 atuou como congressista, tendo sido eleito em 1982 para o Senado e em 1990 e 1994 para a Câmara dos Deputados.

No final da minha gestão no IEE, realizamos um evento aberto ao público em geral, com o tema "Brasil, é possível sair da crise?". Pergunta essa à qual sempre respondemos que sim, desde que a sociedade brasileira abandonasse sua mentalidade coletivista estatista e passasse a adotar o capitalismo como seu sistema social, político e econômico. O evento foi um sucesso. Mais de 300 pessoas se inscreveram, ficando muitos sem poder fazê-lo porque subestimamos a procura. Esse evento e o I Ciclo de Palestras sobre o Liberalismo foram o embrião daquele que se tornou um dos maiores eventos liberais do mundo, o Fórum da Liberdade, lançado na gestão do meu sucessor na presidência do IEE, o empresário Carlos Smith.

Lembro que, no final da década de 1980, o Instituto de Estudos Empresariais promoveu um curso sobre fundamentos do capitalismo, com professores argentinos da Escuela Superior de Economía y Administración de Empresas (ESEADE), única escola sul-americana a ter no seu currículo matérias sobre liberalismo econômico e escola austríaca de economia. Alberto Benegas Lynch, Jr. liderava o grupo de professores, no qual encontravam-se Eduardo Marty e Ricardo M. Rojas, admiradores de Ayn Rand que sutilmente difundiam nas aulas conceitos e princípios básicos do Objetivismo.

Em 1988, o Brasil ganhava uma constituição que tornava o país oficialmente uma sociedade de economia mista, na qual o Estado de Direito era sufocado pelo furor 'democrático' que cerceava a livre iniciativa, relativizava e dava um subjetivo fim social à propriedade privada, e enterrava qualquer esperança de ver funcionar no Brasil o livre mercado, jogando o país numa crise existencial cujas consequências foram o aumento da pobreza, a concentração de renda por meio de um sistema complexo de concessão de favores e privilégios e a perversão completa de conceitos como liberdade e justiça.

O erro político de ter escolhido o socialismo democrático ficou acentuado com a derrubada do Muro de Berlim[147], que ocorreria

---

147. Em 9 de novembro de 1989, os berlinenses derrubaram o muro construído em 1961 para evitar que os alemães da Alemanha Oriental, comunista, fugissem para a Alemanha Ocidental, capitalista. O evento marcou o fim da Guerra Fria e antecipou o colapso do comunismo na Europa Oriental e Central, além de promover a unificação da Alemanha, dividida em 1945, na conferência de Yalta, quando do fim da II Guerra Mundial.

no ano seguinte e desnudaria os horrores do regime socialista que levou a União das Repúblicas Socialistas Soviéticas e todos os seus países-satélites ao colapso.

Tendo sofrido um sério revés na sua luta por mais liberdade com a nova constituição, e vendo a crise econômica se agravar, o movimento liberal perdeu força por conta do fechamento de alguns institutos, cuja existência dependia de muitos empresários que ou foram à falência, como foi o caso do Instituto Liberal de São Paulo, liderado por Jorge Simeira Jacob, dono da empresa varejista Lojas Arapuã, que chegou a ser uma das maiores do Brasil, ou desistiram da causa para cuidar apenas de seus interesses particulares, como ocorreu com Roberto Demeterco, líder empresarial no Paraná, desiludidos com os rumos da política nacional.

Quem seguiu atuante foi o Instituto de Estudos Empresariais, que, inclusive, em 1990, na gestão de André Loiferman, traduziu e publicou *A Virtude do Egoísmo*, o primeiro livro de não-ficção de Ayn Rand lançado no Brasil. Por duas décadas esse foi o único livro de não-ficção da autora publicado em português. André Loiferman sabia que, para se construir no país um sistema social e político compatível com uma sociedade que almeja o desenvolvimento econômico, seria preciso não apenas discutir filosofia, mas ideias para as quais ainda não estávamos preparados, seja por absoluto desconhecimento ou por desafiar de forma inédita antigas crenças.

O movimento liberal brasileiro arrefeceu ainda mais durante os governos de Itamar Franco[148] e de Fernando Henrique Cardoso[149], quando estes implementaram o Plano Real para combater a inflação, que, diferentemente dos anteriores, adotava inédita ortodoxia econômica exemplificada na adoção de parâmetros de responsabilidade

---

148. Itamar Augusto Cautiero Franco (Salvador, Brasil, 1930~São Paulo, Brasil, 2011), engenheiro, militar e político, foi o 33º presidente do Brasil, tendo governado entre 1992 e 1995 substituindo Fernando Collor de Mello, que havia renunciado em meio a um processo de *impeachment*.

149. Fernando Henrique Cardoso (Rio de Janeiro, Brasil, 1931), professor, sociólogo, cientista político, escritor e político, foi o 34º presidente da República Federativa do Brasil, entre 1995 e 2003.

fiscal e privatização de empresas estatais importantes, apesar de mitigarem a ação liberalizante com a criação de reservas de mercado e agências regulatórias.

Independentemente disso, defensores da liberdade continuavam sua luta para criar um ambiente menos hostil para a iniciativa privada. Exemplifico com a implantação no Brasil da organização Junior Achievement, cuja missão é levar às escolas de ensino médio o conceito de empreendedorismo, possível apenas num ambiente político e institucional que permita que jovens com iniciativa, ideias inovadoras e espírito empreendedor materializem seus sonhos, tornando-se empresários ou líderes nas atividades que escolherem como profissão.

Foi no Fórum da Liberdade de 1994 que André Loiferman, responsável por trazer a Junior Achievement ao Brasil, conheceu o então presidente da Junior Achievement International, Samuel Taylor, apresentado por Eduardo Marty, que já havia criado a filial argentina da entidade em 1991.

Samuel Taylor ficou muito impressionado com o trabalho dos jovens do IEE, quando, num dos eventos sociais que são corriqueiros no Fórum da Liberdade, viu-se ao lado de Gary Becker, ganhador do Prêmio Nobel de Economia de 1992.

Ao longo de suas edições, o Fórum já reuniu mais de 300 palestrantes, sendo 103 deles estrangeiros, entre os quais quatro ganhadores do Prêmio Nobel de Economia: James Buchanan, Gary Becker, James Heckman, Douglass North, e o ganhador do Prêmio Nobel de Literatura Mario Vargas Llosa.

André Loiferman também teve participação importante na continuidade do trabalho iniciado por Og Leme na organização e realização dos colóquios do Liberty Fund[150] no Brasil, sendo mais tarde sucedido por outro associado do IEE, Leonidas Zelmanovitz, que inclusive passou a fazer parte da instituição como acadêmico associado.

Os colóquios do Liberty Fund reúnem pessoas das mais variadas tendências ideológicas, especialidades profissionais, e nacionalidades;

---

150. O Liberty Fund foi fundado em 1960 pelo empresário americano Pierre F. Goodrich em Indianápolis, EUA.

intelectuais, jornalistas, políticos e empresários para explorar obras de pensadores liberais que tratam de um tema específico. Para isso, o grupo de debatedores se isola e, em um processo de imersão total, dedica-se integralmente à leitura e ao debate das ideias, coordenados por um acadêmico indicado pela instituição.

Tive a oportunidade de participar de algumas edições dessas conferências, tendo debatido com filósofos e professores como Alberto Oliva, Simon Schwartzman, Luiz Felipe Pondé, José Carlos Espada, André Azevedo Alves, Antonio Ferreira Paim, Jorge Luis Nicolas Audy e Kathrin Rosenfield, entre muitos outros.

Outras instituições chamaram a atenção de brasileiros interessados em aderir à defesa dos ideais liberais. Destaco a icônica Sociedade Mont Pèlerin, criada por Friedrich Hayek no pós-guerra, com o objetivo de reunir pensadores das mais variadas escolas do pensamento liberal para debaterem o avanço do estatismo após a Segunda Guerra Mundial e sobre como defender a liberdade, que havia sido severamente atacada ao longo da primeira metade do século XX.

Entre seus fundadores, incluem-se Friedrich Hayek, Frank Knight, Bertrand de Jouvenel, Michael Polanyi, Wilhelm Röpke, Karl Popper, Ludwig von Mises, George Stigler e Milton Friedman. Entre seus membros efetivos, inicialmente 50 e hoje em torno de 600, encontram-se oito ganhadores do Prêmio Nobel de Economia: Gary Becker, George Stigler, James Buchanan, Maurice Allais, Milton Friedman, Douglass North e Ronald Coase, além do próprio Hayek.

Do Brasil, o diplomata brasileiro José Osvaldo de Meira Penna foi integrante da entidade por décadas, assim como Henry Maksoud. Além deles, podemos encontrar na lista de associados Henri Chazan, Margaret Tse, Leônidas Zelmanovitz, André Burger, Márcio Chalegre Coimbra e Ricardo Gomes, associados honorários do IEE. Cândido Prunes, José Luiz Carvalho, Paulo Ayres e Sidney Maga completam a lista.

É interessante saber que durante a primeira reunião da Sociedade Mont Pélerin, quando um pequeno grupo de economistas discutia a participação do governo na economia, Ludwig von Mises, vendo que estava sozinho na defesa da total separação do governo da economia, levantou-se no meio dos debates, virou-se para seus colegas e disse a frase que se tornou famosa: "Vocês são um bando de socialistas!".

No Brasil da década de 1990, empreendedorismo, conceito criado em 1945 pelo economista e sociólogo Joseph Schumpeter[151], era um neologismo que passou a ser muito utilizado para sintetizar a ideia de livre iniciativa, criação e aproveitamento de oportunidades para o crescimento individual, e como forma de criar valor por meio de ideias inovadoras e ações produtivas em um ambiente favorável. Além de Schumpeter, Hayek e Mises, o economista Israel Kirzner[152] teorizou sobre a importância do empreendedor para a criação de riqueza na sociedade. Kirzner esteve palestrando em Porto Alegre, trazido pelo IEE e pelo Instituto Liberal do Rio Grande do Sul, cabendo-me na ocasião o papel de "sombra", ou seja, o associado escolhido para ciceronear o palestrante ilustre durante sua estadia na cidade.

A figura do "sombra" é uma criação do IEE, que hoje todas as instituições usam com frequência. Os jovens associados veem o exercício dessa atividade como uma honraria, pois podem conviver com intelectuais ganhadores de Prêmio Nobel ou com empresários de destaque, entre os quais bilionários listados pela revista Fortune.

Em 2002, o Brasil é sacudido com a ascensão ao poder do líder sindicalista e político Luiz Inácio "Lula" da Silva[153] que acaba sucedendo o social-democrata Fernando Henrique Cardoso. A chegada do Partido dos Trabalhadores ao poder pela via democrática acende um sinal de alerta. Ter um partido marxista, associado a um projeto continental de tomada do poder, como era aquele defendido pelas organizações

---

151. Joseph Alois Schumpeter (Triesch, República Tcheca, 1883~Taconic, EUA, 1950), economista e cientista político, teórico dos ciclos econômicos e do processo de inovação dos mercados, tendo criado a expressão "destruição criativa" para sintetizar esse processo.
152. Israel Meir Kirzner (Londres, Inglaterra, 1930~) economista, é um dos principais teóricos da Escola Austríaca de Economia.
153. Luiz Inácio Lula da Silva (Garanhuns, Brasil, 1945~), ex-sindicalista, ex-metalúrgico e político filiado ao Partido dos Trabalhadores (PT), do qual é o principal fundador. Foi o 35º presidente do Brasil, tendo exercido o cargo de 1º de janeiro de 2003 a 1º de janeiro de 2011. Novo mandato?

vinculadas ao Foro de São Paulo[154], era uma ameaça inaceitável para as instituições republicanas em um país onde o processo democrático ainda era incipiente e disfuncional. Essa possibilidade, que veio a se materializar, mobilizou liberais e conservadores, que passam a participar mais da atividade política, o que fortaleceu as instituições defensoras da livre iniciativa, da propriedade privada, do Estado de Direito e do livre mercado.

O IEE seguiu sua trajetória de sucesso, inovando e ajustando sua relação com o mercado com o intuito de difundir as ideias onde elas poderiam ter mais impacto na formação cultural da sociedade. Para isso, em 2004, Luís Eduardo Fração, presidente do IEE na ocasião, levou o Fórum da Liberdade do seu local original, o hotel Plaza São Rafael, na época o mais luxuoso de Porto Alegre, onde o público era majoritariamente formado por empresários e executivos, para o Centro de Eventos da Pontifícia Universidade Católica – PUC, permitindo que as ideias liberais fossem apresentadas e defendidas no ambiente apropriado para isso, o mundo acadêmico, para um público mais promissor, os jovens que estavam começando sua formação universitária.

O IEE, com seu ciclo de formação e o Fórum da Liberdade, era a entidade liberal de maior relevância no cenário nacional. Por isso, Leandro Gostisa, que havia assumido a presidência em 2005, resolveu expandir, abrindo capítulos nas capitais do centro do país. Porém, como era de se esperar, depois de poucos anos esses capítulos acabaram se desligando do IEE para terem vida própria e independente. Foi dessa iniciativa, que contou com o apoio do empresário Salim Mattar, que surgiu, mais tarde, o Instituto de Formação de Líderes.

Paralelamente, por conta do advento da internet, que popularizou as ideias liberais, que passaram a ocupar os fóruns de discussão nas redes sociais, principalmente no Orkut[155], entre os jovens ávidos por

---

154. Foro de São Paulo, organização que reúne partidos políticos de esquerda e organizações não governamentais, inclusive terroristas, criada em 1990 por Luiz Inácio "Lula" da Silva e Fidel Castro.

155. Orkut foi uma rede social filiada ao Google, criada em 24 de janeiro de 2004 e desativada em 30 de setembro de 2014. No Brasil a rede social teve mais de 30 milhões de usuários.

conhecimento e novas ideias, diversas entidades foram sendo formadas com o objetivo de aprofundar e promover o debate público em torno do pensamento dos filósofos, historiadores, economistas e cientistas em geral, clássicos, modernos ou contemporâneos, que sempre defenderam uma sociedade aberta, guiada pelos princípios, valores e ideais como pregam o liberalismo, o capitalismo e o libertarianismo.

Foi assim que surgiram por todo o Brasil entidades comprometidas com a defesa das ideias liberais, entre as quais se destacam o Instituto Millenium, *think tank* com sede no Rio de Janeiro, criado em 2005 pela economista Patrícia Carlos de Andrade e pelo professor de filosofia Denis Rosenfield; o Instituto de Formação de Líderes – IFL, estabelecido em 2007, em Belo Horizonte, pelo empresário Salim Mattar, que assumiu os antigos capítulos que haviam sido criados pelo IEE, reformulando-os e expandindo-os por todo o país; o Instituto Mises Brasil, criado em São Paulo, em 2007, pelos irmãos Fernando Fiori Chiocca e Cristiano Fiori Chiocca, junto com o empresário Helio Beltrão, que posteriormente se separaram, ficando o Mises Brasil com Helio, tendo então os irmãos Chiocca partido para criar o Instituto Rothbard. No Mises Brasil juntaram-se a Helio Beltrão, Rodrigo Saraiva Marinho, Fernando Ulrich e Alex Catharino, entre outros.

O IEE, por sua vez, via sua missão de formar jovens para participarem de entidades de classe ser alcançada com sucesso por meio da atuação de um de seus associados fundadores, Paulo Afonso Girardi Feijó, que, depois de presidir a Associação Brasileira de Supermercados – ABRAS e a própria FEDERASUL, acabou entrando na política partidária, sendo eleito para o cargo de vice-governador do Estado do Rio Grande do Sul, numa composição com a social-democrata Yeda Crusius, eleita governadora.

Paulo Afonso, liberal convicto, acabou entrando em rota de colisão com a governadora quando liderou um movimento contra o aumento de impostos proposto pelo governo do qual ele fazia parte. A rixa se acentuou quando ele resolveu denunciar um caso de corrupção, entregando à imprensa fitas gravadas com a tentativa de aliciamento protagonizada por um dos principais integrantes do secretariado do governo, que acabou sendo exonerado e caindo no ostracismo, porém sem ser processado judicialmente.

Interessante que muitos jornalistas, políticos e até parte da sociedade condenaram quem denunciou, a vítima, e não o criminoso corruptor, porque acharam desleal que as conversas, mesmo sendo de interesse público, tivessem sido gravadas e divulgadas.

A participação de associados do IEE nas entidades de classe sempre gerava atritos pois a cultura corporativista rejeitava a mentalidade republicana e liberal que o pessoal do IEE teimava em defender. O IEE, além do Fórum da Liberdade e de muitos outros eventos de formação abertos ao público, serviu de inspiração para dezenas de outras iniciativas que surgiram pelo Brasil, com o mesmo propósito.

Cabe destacar as organizações que foram criadas por iniciativa de Fábio Ostermann, professor e político, que exerceu cargo de diretor no IEE em 2010, e no Instituto Liberdade, sucessor do Instituto Liberal do Rio Grande do Sul, em 2011. Fábio Ostermann esteve envolvido diretamente na criação do Students For Liberty Brasil, à época Estudantes pela Liberdade – EPL, em 2012, ao lado de Juliano Torres e outros jovens liberais; do Instituto Ordem Livre, em 2012, ao lado de Diogo Costa, Magno Karl e Elisa Lucena Martins; do Movimento Brasil Livre – MBL, em 2013, ao lado de Juliano Torres e Felipe Melo França, que depois, em 2015, passou a ser gerido pelos irmãos Renan e Alexandre Santos, com a parceria de Kim Kataguiri; e, finalmente, do Livres, em 2016, ao lado de Felipe Melo França e Sérgio Bivar, que na mudança de gestores passou a defender outras pautas, mais ligadas ao que conhecemos por "liberalismo progressista", nos moldes da social-democracia americana com base nas ideias de José Guilherme Merquior e John Stuart Mill.

Foi em 2013 que, convidado por ele, juntei-me a Fábio Ostermann para fundarmos o núcleo gaúcho do Partido Novo, que estava em formação. Lá estavam também Gabriel Marantes, Rafael Abreu, Paulo Fuchs e Vinicius de Franceschi. A partir desse grupo embrionário, o partido foi criado. O primeiro presidente do diretório estadual no Rio Grande do Sul foi Carlos Alberto Fiterman Molinari, que havia sido trazido ao partido por mim e assessorava Fábio Ostermann na formalização do partido. Fábio acabou deixando o Novo para criar o Livres na tentativa de torná-lo um partido, o que não funcionou.

Foi nesse mesmo ano de 2013 que fiz minha primeira palestra nesta nova fase de atuação no movimento liberal quando. certo dia, fui procurado por uma jovem, Gabriela Bratz Lamb, que me convidou a fazer uma apresentação num seminário chamado Language of Liberty. O detalhe é que a palestra deveria ser feita em inglês, pois esse era o diferencial do evento. Foi assim que conheci a Gabriela, com quem viria a trabalhar mais tarde no Instituto Liberdade, quando a convidei para fazer parte da diretoria. O Language of Liberty foi trazido para o Brasil por Marcel van Hattem, ainda em 2011, ficando Gabriela responsável pelas futuras edições.

Marcel van Hattem, em 2010, então estudante na faculdade de Relações Internacionais da Universidade Federal do Rio Grande do Sul – UFRGS, junto com Renan Artur Pretto, estudante de Administração e Claudia Thompson, estudante de Medicina, conseguiram a proeza de vencer as eleições para o diretório central dos estudantes, interrompendo décadas de hegemonia dos partidos políticos de esquerda, PSOL, PCdoB e PT, que dominavam o ambiente estudantil.

Também em 2011, na cidade de Vitória, inspirados no IEE, um grupo de empresários capixabas criou o Instituto Líderes do Amanhã – ILA, que faz um trabalho inestimável na formação de jovens com foco no desenvolvimento empresarial aliado ao esforço de tornar o ambiente de negócios mais livre e próspero.

Com esse propósito, o ILA desenvolveu uma metodologia para o ensino do Objetivismo como nenhuma outra instituição conseguiu, nem mesmo o IEE.

Em 2012, o Instituto Liberal passou por transformações visando o seu revigoramento. Assim, a nova geração de liberais que estavam se destacando no debate público que transcorria pelas redes sociais, assume a direção da entidade, primeiro com o jurista Bernardo Santoro, depois, sucedendo-o, o economista e escritor Rodrigo Constantino, que pouco depois passa o cargo ao jornalista e escritor Lucas Berlanza.

Tornei-me articulista colaborando com instituições liberais como o Instituto Millenium, que, em 2010, por iniciativa de seu diretor executivo Paulo Uebel, foi responsável pela reedição de *A Revolta de Atlas* e *A Nascente*, em conjunto com a Editora Sextante, recolocando Ayn Rand no centro do cenário literário nacional e tornando as duas obras-primas da escritora *best-sellers* nacionais.

Em 11 de outubro de 2012, o Instituto Millenium publicava meu artigo de estreia. Seria o primeiro de centenas que seriam publicados também por outras instituições, assim como por jornais de grande circulação. Este artigo, que reproduzo aqui, infelizmente nunca perdeu a atualidade.

A REVOLUÇÃO À BRASILEIRA

Finalmente encerrou-se mais um turno da eleição. Na disputa pelo nosso voto, milhares de candidatos propagandearam que mudariam nossa vida, prometendo-nos um futuro melhor. Há décadas ouvimos sempre a mesma sentença, "o Brasil é o país do futuro".

Temos honrado fielmente este título, outorgado por Stefan Zweig, escritor austríaco que optou por adotar nosso país como sua residência até acabar com a própria vida, desanimado com o futuro da humanidade. Ser o país do futuro pode ter dupla interpretação.

Pode ser como o nosso, sempre correndo atrás de um pretenso desenvolvimento, sem nunca o alcançar efetivamente ou sempre chegando depois de quase todos os demais.

Imaginamos que a vontade e a marcha do tempo serão suficientes para nos colocar no primeiro time de nações. Porém acabamos, pela nossa própria inépcia, mantendo o futuro, entendido como o desenvolvimento pleno e desejável, sempre à frente e distante.

Temos sido governados por personagens que, com sua retórica populista e demagógica, nos tratam como se fôssemos mulas, aquelas nas quais se amarra uma cenoura à frente para estimulá-las a seguir adiante, irracional e resignadamente, perseguindo uma isca, um objetivo, que jamais alcançarão.

Ser o país do futuro pode significar também, por outro lado, ser uma nação de vanguarda, inovadora nas ciências e na tecnologia. Criativa e crítica na cultura e na educação. Libertária e resolvida nas relações sociais e políticas. Interdependente e cooperativa nas relações internacionais. Desenvolvida e empreendedora nas atividades econômicas e empresariais.

Estas características descrevem um país de futuro pródigo e desejável, fundado em princípios que privilegiam a todos por promover o indivíduo como um fim em si mesmo.

Uma sociedade do futuro pode ser uma referência, um marco de avanços sociais e econômicos consistentes que transformam conhecimentos e demandas diferentes em riqueza, distribuída justamente, de acordo com o que cada um contribui e em conformidade com a capacidade que cada um tem de bancar.

A divisão do trabalho, base para o aprimoramento empresarial e laboral, e a cooperação voluntária, essencial para a satisfação mútua, submetidas a uma ordem livre e espontânea que chamamos de mercado, levarão a sociedade à riqueza, fazendo com que o futuro nos encontre antes do que imaginamos e mais preparados para aproveitá-lo.

Não é por outra razão que vemos países chegarem ao futuro antes do que nós, senão porque seus mercados são mais livres e suas instituições protegem com mais veemência e estabilidade os que neles interagem livre e espontaneamente.

O grande problema do Brasil é que ainda não fizemos nossa revolução capitalista libertária. O capitalismo, sistema que preza a liberdade, a cooperação, a competitividade, a propriedade privada, é a porta para um futuro melhor a qual jamais ousamos abrir.

O grande problema do Brasil é que ainda não fizemos nossa revolução capitalista libertária. O Brasil nunca adotou o capitalismo como sistema de organização econômica e social, por aqui jamais passou o liberalismo, seja na sua versão clássica ou, como chamam os estatistas, "neo".

Não faz parte da doutrina libertária defender um Estado que existe para restringir o empreendedorismo, a contratação particular entre indivíduos, o uso da propriedade privada em suas diversas formas; nem para estabelecer proteções, cotas, subsídios, incentivos para uns, privilegiados, em detrimento de outros, oprimidos.

O verdadeiro capitalismo requer a separação absoluta entre o Estado e a economia, do mesmo jeito, que o laicismo requer a separação entre o Estado e a Igreja. O liberalismo permite que o indivíduo seja autônomo e que qualquer associação seja decorrente de sua livre e legítima vontade.

Num sistema capitalista, é vedado ao Estado, como a qualquer indivíduo isoladamente, utilizar o poder de coerção para, em detrimento de alguns, beneficiar a si ou a outros.

Vivemos sob a égide de uma economia regida pelo Estado, sempre autocrático, por demais castrador, e invariavelmente perdulário.

Sofremos com instituições que desprezam os direitos individuais e que, portanto, não garantem nem o interesse público nem o interesse privado legitimamente, sendo de forma contumaz, pervertidas para benefício escuso de pequenos grupos de interesse que se alternam cíclica e constantemente.

É como se estivéssemos amarrados a um pêndulo ideológico que oscila de um lado para o outro, ora tocando o fascismo, ora o socialismo, sem, contudo, avançar efetivamente em qualquer direção. Por aqui, as revoluções que se sucedem têm conseguido instituir apenas o status quo. Nossos revolucionários acabam completando giros de 360 graus e terminam seguindo no mesmo sentido e direção para onde rumavam aqueles que lhes antecederam.

Porém, não custa lembrar, a porta do futuro sempre esteve ali, à nossa frente, fechada, esperando para nos surpreender, de acordo com a chave que usarmos para abri-la. A chave que abre a porta para um futuro melhor está ao nosso alcance, basta reconhecê-la.

Nada mais do que a liberdade, o direito de propriedade e o direito à vida é necessário para abrir a porta que nos conduzirá à busca da felicidade, força-motriz que pretende e permite um futuro melhor[156].

Em 2013, depois de 20 anos afastado do movimento liberal, voltei a participar do IEE como conselheiro indicado por Wilson Ling, que me convenceu a voltar, dizendo que meu radicalismo na defesa do capitalismo estava fazendo falta para a instituição, que, segundo ele, estaria adquirindo um viés social-democrata.

Ainda em 2013, durante o desastroso governo da presidente Dilma Rousseff[157], a sociedade brasileira, principalmente os jovens que experimentavam a falta de oportunidades e a crise econômica e educacional que o país vivia de forma grave, mobilizaram-se de forma

---

156. O termo *libertária* ou *libertário* neste artigo relaciona-se com capitalismo radical ou capitalismo *laissez-faire*, sistema no qual cabe ao governo apenas a proteção dos direitos individuais. Não tem nada a ver com o anarcocapitalismo, que é uma contradição de termos.
157. Dilma Vana Rousseff (Belo Horizonte, Brasil, 1947~), economista e política, filiada ao Partido dos Trabalhadores (PT), 36º presidente do Brasil, tendo exercido o cargo de 2011 a 2016, quando foi afastada por um processo de *impeachment* em 2016.

espontânea e realizaram as maiores manifestações públicas desde a redemocratização do país. Em mais de 500 cidades, milhões de pessoas protagonizaram o que ficou conhecido como "As Jornadas de Junho"[158]. Ainda que muitos jovens, sob a influência de partidos políticos como o PSOL e o PCdoB, protestassem contra o aumento das tarifas de ônibus, surgiam pautas pedindo menos intervenção estatal e mais liberdade. Era possível ver cartazes onde se lia, "Mais Mises, Menos Marx", "Quem é John Galt?", "Não é por 20 centavos", evidenciando que as ideias liberais começavam a fazer parte do debate intelectual e político e que o desejo era mudar a mentalidade reinante.

Naquela época, a situação era dramática, os níveis de criminalidade e violência havia alcançado patamares nunca experimentados. Neste ano eu comecei a enviar artigos para o jornal *Zero Hora* sem o compromisso de serem publicados. No entanto, meu artigo "Mãos Sujas de Sangue" teve muita repercussão na sociedade gaúcha, que acabou inspirando um editorial completo na edição dominical daquela semana. O artigo dizia:

> **MÃOS SUJAS DE SANGUE**
>
> Sempre que há um latrocínio, as pessoas ficam se questionando se houve reação da vítima para ter sido morta. Alguns dizem: "Mas ele morreu porque reagiu". Outros supõem: "Não tivesse reagido, teria sido poupado e estaria vivo ainda".
>
> Quando ocorre um estupro, há os que dizem que pode ter havido provocação. "Ah, também, com aquela roupa indecente" ou "O que fazia uma menina naquele lugar, naquela hora? Estava pedindo". Se roubaram a carteira de alguém, se escuta: "Tinha que levar no bolso da frente" ou "Deve ter dado sopa".

---

158. As Jornadas de Junho de 2013, também referenciadas como Levante Popular de 2013, Insurreição de 2013, ou Protestos no Brasil em 2013, foram uma série de mobilizações de massa ocorridas simultaneamente em mais de 500 cidades do Brasil no ano de 2013. Foi a primeira insurreição ou levante popular de proporções realmente nacionais no país, tendo até 89% de apoio da população brasileira. Ainda que os maiores atos de rua deste período tenham ocorrido no mês de junho, com a participação de milhões de pessoas, maciças mobilizações ocorreram também por todo o ano, em diversas cidades, tendo um novo ápice no mês de outubro.

Ora, essa discussão é absolutamente irrelevante. Busca transferir a culpa do crime para a vítima. Despreza nosso direito de reagir a um ataque violento, de esboçar um não, de ir e vir por aí, mesmo que isso possa parecer insensatez.

Independentemente do tipo de ação ou reação da vítima, a responsabilidade pelo crime ocorrido é, e sempre será, do agressor que iniciou a ação violenta.

Não somos culpados quando alguém nos rouba porque ostentamos. Não somos culpados quando alguém nos estupra porque ostentamos. Não somos culpados quando alguém nos assassina se ostentamos.

Para crápulas que roubam, estupram ou assassinam, ostentamos o que não possuem, uma vida digna.

Não somos culpados quando reagimos. Há apenas dois culpados pela criminalidade, os que cometem o crime e os que não cumprem com sua função de o impedir pela força da polícia ou de o remediar pela força da justiça.

Não se acabará com a criminalidade epidêmica sem que se apliquem os únicos antídotos que se conhece para tal: desimpedir nossa capacidade de reação, por meio da garantia do direito de legítima defesa; implementar a proteção ostensiva, por meio da polícia bem aparelhada e treinada para enfrentar bandidos, ao invés de ser utilizada para impor regras que servem para nos tutelar; e, finalmente, aplicar a punição exemplar, onde as penas estabelecidas sejam cumpridas sem redução e progridam, com majorações, em caso de mau comportamento ou falta de cooperação do condenado.

Os que falam em desarmamento e se opõem à pena de morte esquecem que bandidos estão armados até os dentes e que a pena de morte já existe no Brasil. Ela vem sendo aplicada, indistintamente, a cidadãos de bem, crianças, jovens, adultos ou idosos.

Estamos todos sob julgamento sumário, diário e constante, onde a sentença definitiva é dada por bandidos de todas as idades, e a audiência, composta pela massa passiva do Estado que, suja de sangue, levanta, justifica a perversão, vira as costas, e volta para casa para lavar as mãos[159].

---

159. Publicado no jornal *Zero Hora*, edição de 14/05/2013.

Nesse período, começaram a surgir por todo o Brasil, especialmente no Rio Grande do Sul, grupos de estudos e de debates formados de forma orgânica por jovens estudantes universitários cativados pelas ideias liberais. Inicialmente, as reuniões ocorriam nas casas dos membros ou em bares e restaurantes, já que eram poucas pessoas.

O clima sempre informal e amistoso dava um ar de contracultura, um caráter *underground* ao movimento. Com o tempo, as reuniões passaram a ter regularidade, incrementando o número de participantes e exigindo melhor infraestrutura, disponível apenas no ambiente das universidades. Os encontros costumavam ocorrer aos finais de semana, quando era mais fácil se obter salas de aula disponíveis.

O primeiro grupo de jovens com que mantive contato foi o EPL, cujas palestras e debates em Porto Alegre eram organizadas por Guilherme Benezra, que havia sido recrutado por Fábio Ostermann. As reuniões ocorriam na Escola Superior de Propaganda e Marketing – ESPM-Sul, faculdade privada de Porto Alegre. A partir dessas reuniões, acabou sendo criado o Clube Miss Rand, por meio da adesão de jovens interessados em aprender, debater e difundir as ideias de pensadores liberais e conservadores, cujos livros eram trazidos ao público pelas instituições que já citei.

O Clube Miss Rand foi criado, em 30 de novembro de 2013, por iniciativa de Guilherme Benezra, Carla Pereira, Natália Mariani e Gabriela Bratz Lamb, e contou também em sua formação com Henrique Viana, Guilherme Stumpf, Richard Sacks, Gabriel Moura, Lucio Santin, Bernardo Santin, Lucas da Cunha, Rafael Albani, Júlio Santos e Rafael Madalozzo, que, como os outros, assinaram um documento de adesão prometendo: *Eu juro pela minha vida e pelo meu amor por ela que nunca irei viver em função de outro homem, nem vou pedir a outro homem que viva em função de mim.* Ter esta citação de Ayn Rand neste documento prova a importância da disseminação das ideias na formação cultural da sociedade.

Paralelamente, foi criado por Gabriel Dib e João Pedro Vieira Bastos o Clube Empreendedorismo e Liberdade, que vinha promovendo debates e palestras na Faculdade de Administração e Economia da UFRGS, com muitas dificuldades. A iniciativa sofria boicote por parte dos professores que não liberavam os alunos para frequentarem as atividades programadas, nem disponibilizavam salas de aula para a realização dos encontros. O próprio diretório acadêmico, servil aos partidos de esquerda, tentava impedir as atividades. Foi nessa ocasião que os líderes tanto de um grupo quanto de outro me procuraram para ajudá-los, tanto na organização dos trabalhos como na superação dos obstáculos que enfrentavam.

Todas essas iniciativas eram informais e precisavam regularizar sua situação para poderem captar recursos e investir na sua expansão, além de satisfazer uma necessidade institucional que poderia tornar a atuação dos grupos mais efetiva no próprio ambiente universitário, diminuindo a exposição dos alunos que organizavam os eventos.

Assim, foi criado o Instituto Atlantos, com sede em Porto Alegre, que contava não apenas com a participação inicial dos integrantes originais do Clube Miss Rand e do Clube Empreendedorismo e Liberdade, mas de novos ativistas, como Victoria Jardim, Lucas Corrêa, Lucas Scalzilli, Matheus Galli, Martina Trott, Rodrigo Furtado Castilhos, Lisiane Maria Gomes, Nychollas Liberato, Gustavo Correa Fernandes, Ornella di Lorenzo e Felipe Krahe, entre muitos outros.

Em busca de aconselhamento perante o desafio e para terem respaldo na busca de doadores e palestrantes, me convocaram para fazer parte do grupo fundador e, ainda por cima, presidir o Conselho de Administração.

Colaboraram para a produção de conteúdo e aconselhamento acadêmico no Clube Miss Rand, o professor, mestre e doutor em sociologia Lucas Rodrigues Azambuja, que se transferiu para Belo Horizonte, onde foi trabalhar no IBMEC-MG. Já no Instituto Atlantos, o cargo de diretor acadêmico estava sob responsabilidade da professora, mestre e doutora em sociologia Marize Schons, que também acabou se transferindo para Belo Horizonte, também para trabalhar no IBMEC-MG. Gustavo Inácio de Moraes, professor, mestre e doutor em Ciências Econômicas, vinculado à PUC-RS, seguiu assessorando o Instituto como pesquisador-chefe na área de Ciências Econômicas.

Carla Pereira, depois de presidir o Clube Miss Rand, deixou o grupo para criar o Clube Libertário dos Pampas, que, em 2015, promoveu um encontro na véspera do Fórum da Liberdade, que se tornou antológico. Num pub irlandês de Porto Alegre, cerca de 70 pessoas assistiram a um debate sobre propriedade intelectual, no qual eu era a banca a favor e a dupla de dirigentes do Instituto Mises Brasil, Helio Beltrão e Rodrigo Saraiva Marinho, formavam a banca opositora. O mediador do debate foi Alex Catharino, cujo trabalho na edição e publicação de livros de autores conservadores e liberais é inestimável. Obviamente, depois do debate, os dois lados cantaram vitória. Este debate voltou a se realizar na LibertyCon 2018, evento nacional promovido pelo Students for Liberty Brasil, em São Paulo, que inclusive gerou uma discussão entre mim e o então anarcocapitalista Paulo Kogos, conhecida figura do meio liberal.

O interior do Rio Grande do Sul também foi contagiado pelas ideias liberais, ajudando a dar impulso ao movimento. Em Santa Maria, surgiria o Clube Farroupilha. Lembro do dia em que fui procurado por Geanluca Lorenzon e André Freo, que queriam dicas de como estruturar uma entidade nos moldes do IEE. Marcamos um encontro no Instituto Ling e passamos algumas horas conversando sobre a minha vivência na área e os planos que eles tinham em mente. Junto com Fabrício Sanfelice, Rafael Dal Molin e Giuseppe Riesgo, entre outros, Geanluca Lorenzoni e Andre Freo criaram uma entidade exemplar que promove o maior evento liberal do interior do Brasil, o Simpósio Interdisciplinar Farroupilha – SIF.

Não bastasse isso, Geanluca Lorenzoni se tornou o criador da Lei de Liberdade Econômica quando trabalhava com Paulo Uebel e Paulo Guedes no governo federal, durante a presidência de Jair Bolsonaro. Andre Freo se tornou dirigente máximo no Brasil do Students for Liberty. Giuseppe Riesgo elegeu-se deputado estadual pelo Partido Novo e Rafael Dal Molin assumiu a diretoria executiva nacional do Instituto Mises Brasil. Fabrício Sanfelice, depois de atuar no Student for Liberty, tornou-se empresário do ramo de criptomoedas e fintechs.

Como consequência direta de trabalhos como esse, em 2016, associados do Clube Farroupilha formaram uma chapa para disputar a direção do DCE da Universidade Federal de Santa Maria – UFSM, tradicional reduto de partidos políticos como o PSOL, PC do B e PT, e acabaram vencendo. A chapa se chamava Libertas e tinha como líderes Fernando Bottega Pertile, estudante de Direito e Carolina Rothmann, estudante de Economia.

Outros clubes que difundiam ideias liberais também foram criados em Passo Fundo, Caxias do Sul, Pelotas, Rio Grande e Uruguaiana, mas ou perderam relevância ou acabaram desaparecendo.

Em 2015, com o advento da Operação Lava-Jato[160] e as manifestações pelo *impeachment* da presidente Dilma Rousseff promovidas pelo MBL, os movimentos liberais voltaram com força, embalados não só pela indignação da população em geral, mas principalmente pela revolta dos jovens pela situação desesperançosa que o país vivia. O espírito de inconformidade, que sempre pairara nos salões de eventos que reuniam os defensores da liberdade, agora tomava as ruas.

Uma das iniciativas que marcaram esse transbordamento foi a banda Loka Liberal que havia sido formada ao acaso, quando um grupo de jovens – Felipe Camozzato, Tiago Menna e Rafael Albani – enquanto panfletava para atrair as pessoas para a manifestação a favor do *impeachment* da presidente Dilma Rousseff, começou a cantarolar marchinhas de carnaval adaptadas com letras satíricas, criticando o Partido dos Trabalhadores, Lula e a presidente. Foram as canções e a batucada da banda que mobilizaram centenas de milhares de pessoas nas passeatas pelo *impeachment* e pelas reformas liberalizantes que a população brasileira majoritariamente pedia.

Nesta época, o jornalista econômico Gilberto Simões Pires me convidou para participar de um grupo chamado Pensar+, que ele havia criado com o economista Igor Moraes, que reunia jornalistas, políticos, economistas e empresários de várias tendências ideológicas para debater sobre política e economia. Foi num dos colóquios anuais

---

160. A Operação Lava Jato, realizada pela Polícia Federal do Brasil, cumpriu mais de mil mandados de busca e apreensão, de prisão temporária, de prisão preventiva e de condução coercitiva, visando apurar esquema de corrupção e lavagem de dinheiro conhecido por Petrolão. Teve início em 17 de março de 2014 tendo como principal protagonista o juiz Sergio Moro. Mais de cem pessoas foram condenadas e presas, entre elas o ex-presidente Luiz Inácio "Lula" da Silva. Em 1º de fevereiro de 2021 a operação se encerrou, e neste mesmo ano o STF anulou as decisões judiciais e livrou Lula da cadeia.

que o grupo realizava em Flores da Cunha[161], que eu apresentei o Objetivismo e estendi os debates, incorporando a eles filosofia, sem a qual qualquer discussão é efêmera.

Lembro que as discussões sobre ética eram travadas inclusive nos intervalos para o cafezinho. Numa delas, mostrei para dois seguidores de Tomás de Aquino, o jornalista Percival Puggina e o professor jesuíta Marcus Boeira, e um de David Hume, o economista Alfredo Peringer, que ser ateu não era sinônimo de ser amoral. Que a "guilhotina de Hume" era um engodo e que sim, pode-se derivar princípios éticos a partir da realidade objetiva, utilizando-se a lei da identidade e sua derivação, a lei da causalidade. Em 2016, Henrique Viana, que havia participado da formação do Clube Miss Rand e foi associado do IEE, associa-se a Lucas Ferrugem e Filipe Valerim e criam, em Porto Alegre, a produtora de obras audiovisuais com conteúdo liberal e conservador Brasil Paralelo, que se transforma em uma das maiores plataformas de *streaming* do país e acaba mudando sua sede para São Paulo. Apesar do seu viés mais conservador, fui contratado para dar uma aula sobre Objetivismo, que pode ser encontrada na plataforma.

O Fórum da Liberdade batia recordes de público, a demanda por livros ligados ao Objetivismo de Ayn Rand, que ainda eram inéditos no Brasil, apesar de circularem nos Estados Unidos há mais de 30 anos, cresceu vertiginosamente. Aproveitando esse momento, propus à LVM Editora, vinculada ao Instituto Mises Brasil, do empresário Helio Beltrão, a publicação dos principais livros de não-ficção sobre o Objetivismo.

A LVM Editora, então, firmou um acordo adquirindo os direitos autorais para a tradução e comercialização dos principais livros da bibliografia objetivista, uma nova edição de *A Virtude do Egoísmo*, além de *Introdução à Epistemologia Objetivista*, *Capitalismo: o Ideal Desconhecido* e *Para o Novo Intelectual*.

Assim como a Editora Sextante e a LVM Editora lançaram livros de Ayn Rand, a Vide Editorial colocou à disposição do público brasileiro, *Cântico*, uma nova versão de *A Nascente* e o livro de não-ficção *O Retorno do Primitivo: A Revolução Anti-industrial*, que, apesar de ter sido

---

161. Cidade gaúcha, sede da empresa Móveis Florense S.A., que patrocinava os colóquios.

originalmente publicado em 1971, se mostra muito atual, pois trata dos movimentos anticapitalistas que usam o ambientalismo para criar culpa na sociedade fabril, e o pós-modernismo, que visa perverter a linguagem utilizando-a como instrumento de destruição dos conceitos e sua integração, para impedir que o ser humano possa pensar de forma objetiva para lidar com a realidade a fim de criar valor, inovar e transmitir ideias e abstrações.

Além dessas obras literárias, filosóficas e cinematográficas, pode-se aprender mais sobre o Objetivismo no aplicativo do Ayn Rand Institute, conhecido por Ayn Rand University, que oferece, gratuitamente, conteúdo traduzido e legendado por Matheus Pacini, administrador do site Objetivismo Brasil.

Se não bastasse Ayn Rand, ainda temos outros filósofos tratando do Objetivismo, como é o caso de Leonard Peikoff, seu herdeiro intelectual e de direito. Peikoff foi o grande responsável pela difusão do Objetivismo após o falecimento de Ayn Rand, tendo sido um dos criadores do Ayn Rand Institute, organização voltada à preservação e difusão do legado da criadora do Objetivismo.

Peikoff escreveu uma obra fantástica para explicar o *Objetivismo, a Filosofia de Ayn Rand*, que é também o título de seu livro. Publicado em português pelo Ateneu Objetivista para ser distribuído pelo Instituto Liberdade, instituição que sucedeu ao Instituto Liberal do Rio Grande do Sul, apresenta em um único livro, de forma sistemática e didática, toda a filosofia Objetivista para que qualquer um possa entendê-la facilmente. Entre vários de seus trabalhos, o que mais me chamou a atenção foram as 50 aulas sobre História da Filosofia, cujas 37 horas são simplesmente fascinantes e podem ser assistidas gratuitamente por meio do aplicativo da Ayn Rand University.

Outros Objetivistas serviram de fonte para o meu aprendizado sobre o Objetivismo como autodidata. Dos mais antigos, como Harry Binswanger, Peter Schwartz e Andrew Bernstein; aos mais novos como Yaron Brook, Tal Tsfany, dirigentes do Ayn Rand Institute, e o filósofo Stephen Hicks, os quais convidei para palestrar inúmeras vezes no Fórum da Liberdade, na Conferência Atlantos e em escolas de ensino médio bilíngues de Porto Alegre.

Para a formação de quem quer aprender sobre Objetivismo em todos os seus aspectos, como é o meu caso, estudar filosofia com as palestras de Onkar Ghate, diretor acadêmico do Ayn Rand Institute, ou com os livros de alguns de seus membros mais brilhantes como Don Watkins e Tara Smith, vale a pena.

Em 2017, fui visitar Cuba por insistência do meu amigo William Ling, que custeou toda a minha viagem. O roteiro foi planejado para conhecermos as entranhas daquele bastião do comunismo implantado por Fidel Castro, Che Guevara e outros revolucionários, em dezembro de 1959. Estávamos em um grupo de seis amigos, William, eu, Winston Ling, Mauro Touguinha de Oliveira, Gilberto Guaspari e Percio Vogel, ciceroneados pelo cubano radicado em Porto Alegre Arnel Hechevarria, que nos mostrou lugares aonde os turistas não vão.

Visitamos um hospital psiquiátrico decrépito que nos foi dito ser uma instituição modelo. Estivemos em uma escola padrão de primeiro grau, onde pudemos testemunhar a formação doutrinadora na qual os líderes revolucionários são apresentados como heróis humanistas e glorificados. Andamos pelos bairros de Havana entre os escombros do que já foi uma cidade elegante e civilizada. Conversamos com aquela gente sofrida, miserável, desconfiada, que sustenta com seu trabalho semiescravo a elite militar que comanda o país.

Quando William me convidou para integrar o grupo, eu disse que não fazia questão de visitar Cuba porque para se conhecer um país pobre, socialista, não era preciso deixar o Brasil. No entanto, descobri, observando a realidade, que a situação do povo cubano é incomparável com a do povo brasileiro. O que eu vi lá, não vi em lugar algum em nosso país. Medo e desesperança, talentos e potenciais desperdiçados, escassez em todos os aspectos e o desejo de abandonar a terra natal, foi o que consegui captar das falas cautelosas e olhos entristecidos dos cubanos que tive contato.

Em 2018, como filiado e voluntário do Partido Novo, integrei e coordenei o grupo que elaborou o plano para a privatização da educação estatal, proposta feita por Mateus Bandeira, candidato do partido ao governo do Estado do Rio Grande do Sul nas eleições daquele ano. Nesta comissão, destacava-se Fernando Schüler, filósofo, professor do Insper, curador do Fronteiras do Pensamento, jornalista e articulista, com textos publicados nos principais jornais do país. Junto participaram Camilo Bornia, Anamaria Camargo, Daniela Tumelero, Carlos Fernando Souto e Darcy Francisco Carvalho dos Santos.

Neste mesmo ano, fui agraciado com o Prêmio Liberdade que o ILA concede aos defensores da liberdade que se destacaram no cenário nacional. Recebi o prêmio do seu presidente na ocasião, Eduardo Lindenberg. Pela primeira vez tive um "sombra", Ilson Bozi, que com sua esposa Jennifer nos levaram para lá e para cá, para conhecermos a capital do Espírito Santo.

Voltei várias vezes a Vitória para palestrar, participar de podcasts ou assistir apresentações especiais produzidas por seus associados. Hélio Pepe e Henrique Romano, presidentes em 2019 e 2020, respectivamente, tornaram-se meus amigos e são defensores entusiastas das ideias de Ayn Rand.

Já estive palestrando no IFL de São Paulo, na época presidido pelo amigo Danilo Medeiros, que viria a ser integrante da equipe de Salim Mattar na Secretaria de Desestatização do governo federal. Durante o evento, tive o prazer de conhecer muitos jovens, entre eles Renato Dias, que atuava como diretor-executivo do instituto e que acabou transferindo-se para o Ranking dos Políticos, e pouco depois para a Brasil Paralelo. Estive também tratando do mesmo tema no IFL de Florianópolis, quando seu presidente era Pedro Tavares Fernandes, que viria a presidir o Observatório do Empreendedor, instituição que apoia aqueles que querem desenvolver atividades empresariais.

Lembro também de minha ida à Uberlândia, convidado por Dennys Xavier, professor de filosofia na Universidade Federal daquela cidade mineira, que me deu apenas trinta minutos para dar uma aula sobre Objetivismo. Para conseguir sintetizar e apresentar a filosofia de Ayn Rand de forma que as pessoas compreendessem facilmente, usei o extraordinário filme *O Náufrago*, de Robert Zemeckis, com Tom Hanks no papel principal, para mostrar todos os elementos da filosofia Objetivista, da metafísica à estética, que podem ser identificados na trama do filme de uma maneira tão simples que as obras românticas de Ayn Rand não conseguem alcançar. Lá estão presentes a realidade objetiva, a razão como um absoluto, o autointeresse como escolha e o propósito como condição para a felicidade.

Além destes, participei de outros eventos no interior do Rio Grande do Sul, como a Semana Acadêmica da Universidade de Caxias do Sul – UCS, organizada pelo Grupo de Estudos Galt, onde palestrei para mais de 200 estudantes e professores de economia sobre a diferença entre as escolas de pensamento econômico e as teorias de valor intrínseco, subjetivo e objetivo, além de fazer uma análise retrospectiva da nossa trágica história econômica brasileira. Já na Universidade Federal de Santa Maria fiz uma apresentação da filosofia Objetivista em um evento organizado pelo Clube Farroupilha.

Em setembro de 2019, a convite do Ayn Rand Institute – ARI, presidido pelo empresário israelense Tal Tsfany, em parceria com o Ayn Rand Center Latin America, dirigido por Maria Marty, irmã de Eduardo Marty, meu antigo professor, eu, como presidente do Instituto Liberdade, em conjunto com outras instituições como o IEE, o Instituto Atlantos e o Students for Liberty Brasil, realizei a I Ayn Rand Conference no Brasil.

Trouxemos para palestrar Yaron Brook, Tal Tsfany, Onkar Ghate, Ben Bayer e Keith Lockitch, além dos responsáveis por trazer as ideias de Ayn Rand para o Brasil, Winston Ling, André Loiferman e Cândido Prunes, como painelistas. Uma das ideias que tive foi reunir num painel os intelectuais do Ayn Rand Institute para debater com a nova geração de políticos liberais que haviam ingressado no poder legislativo e no executivo com o propósito de diminuir o tamanho e o poder de intervenção do Estado. Estiveram lá Yaron Brook e Onkar Ghate pelo ARI. Com eles debateram o deputado federal Marcel van Hattem; o secretário adjunto do Ministério da Economia, Geanluca Lorenzon, criador da Lei de Liberdade Econômica; o vereador de Porto Alegre Felipe Camozzato; e, na plateia, o ex-presidente do IEE e da RELIAL[162], Ricardo Gomes,

---

162. A Rede Liberal da América Latina – RELIAL foi criada em 2004 com apoio da instituição alemã Fundação Friedrich Naumann para a Liberdade na América Latina. Congrega organizações liberais de todos os países da região, sendo que do Brasil são membros o Instituto de Estudos Empresariais – IEE, o Students for Liberty Brasil – SFLB e o Instituto Liberdade.

que viria a ser vice-prefeito de Porto Alegre em 2020 – todos de grande valor para a defesa da liberdade no Brasil.

Em outubro de 2019, no Rio de Janeiro, o Instituto Liberal resolveu homenagear seu fundador, Donald Stewart Jr., realizando a I Conferência Liberal da história daquela instituição. Durante o evento foi projetado um filme, produzido pela filha de Donald, que havia me presenteado com uma cópia em DVD que fiz chegar às mãos do presidente Lucas Berlanza. Após a apresentação do filme, que emocionou a todos, houve uma série de palestras, entre as quais a minha. Em seguida, participei também de um evento em Salvador, organizado pelos amigos Priscila Chammas e Gabriel Venturoli, que lideram o movimento liberal na Bahia. Lá pude ver a importância do Students for Liberty Brasil, que ajudou na promoção do encontro.

No final daquele ano, finalmente, transmiti o cargo para Guilherme Benezra e com ele seguiram, Victoria Jardim, Gabriela Bratz Lamb e Lucas Corrêa. Além da I Ayn Rand Conference, deixei como legado da minha curta gestão a publicação da edição completa da coleção *Desbravando o Mundo Livre*, de autoria do americano Connor Boyack, que consiste em dez livros infantis inspirados pelas obras dos principais autores liberais, entre as quais destaco *A Busca por Atlas*, baseado em *A Revolta de Atlas*, de Ayn Rand. O primeiro título da coleção foi lançado na gestão de Bruno Zaffari em parceria com a Brasil Paralelo, com o apoio de Winston Ling, que financiou a tradução feita por Matheus Pacini; e o relançamento da obra destinada ao público juvenil *As Aventuras de Jonas, o Ingênuo*, de Ken Schoolland, que cedeu os direitos autorais para a republicação, que contou com a colaboração do ex-presidente do IEE, André Burger na revisão.

Em 2020, desliguei-me do Conselho Deliberativo do IEE, depois de ter acompanhado de perto as sucessivas gestões, que mudam anualmente. Assim, pude aconselhar, com meus colegas de Conselho, as diretorias presididas por Michel Gralha, em 2012; Bruno Zaffari, em 2013; Frederico Hilzendeger, em 2014; Ricardo Heller, em 2015; Rodrigo Tellechea, em 2016; Júlio César Bratz Lamb, em 2017; Giovana Stefani, em 2018; e, finalmente, Pedro De Cesaro, em 2019.

Participei como coautor de dois livros, *Ayn Rand e os Devaneios do Coletivismo*, organizado por Dennys Xavier e Alex Catharino, que trabalhavam na época na LVM Editora, no qual me coube escrever o último capítulo, que intitulei "Um Breve Ensaio sobre o Objetivismo de Ayn Rand"; sendo o outro, *Introdução ao Liberalismo*, editado pelo Instituto Liberal por iniciativa de seu presidente, Lucas Berlanza.

Em maio de 2021, fui *keynote speaker* no Simpósio Interdisciplinar Farroupilha, evento promovido pelo Clube Farroupilha de Santa Maria, onde fui recebido por sua presidente Lucia de Cas e pela ex-presidente Luiza Sangoi Dias da Costa, que se voluntariou para ser minha "sombra".

Em maio de 2022, em Belo Horizonte, pude testemunhar o excelente trabalho feito por Salim Mattar com o Instituto de Formação de Líderes – IFL da capital mineira. Lá estive para fazer uma palestra que acabou se transformando em uma conversa sobre o movimento liberal, as variadas vertentes do pensamento liberal e porque para mim Ayn Rand apresentava a melhor teoria sobre o tema. Além de experimentar uma forte emoção durante o evento realizado pelo IFL-BH, presidido por Laura Rabello, que contou com cerca de 50 associados, o que me deixou ainda mais empolgado foi o que estava acontecendo na sala ao lado. Quase 100 jovens participavam de um evento paralelo, promovido pelo IFL-BH Jovem para transmitir as ideias liberais e estimular a mentalidade empreendedora. Meu "sombra" foi Gustavo Fonseca, e lá pude rever o incansável Thiago Campos, diretor de eventos do Instituto e o ex-presidente Lucas Vidigal.

Em junho de 2022, em Vitória, junto com Henrique Romano, apresentamos para associados do ILA, presidido por Lucas Mendonça, uma breve explanação sobre os temas mais polêmicos e interessantes do Objetivismo. Meu "sombra" foi Cristiano Stein, que ganhou de mim pela receptividade um exemplar original da primeira edição de *Quem é John Galt?*, publicado em 1987.

Uma verdadeira indústria de produção e comercialização de livros, cursos e eventos, tendo como tema o capitalismo, o empreendedorismo, o livre-mercado e o mercado de capitais acabou se desenvolvendo. Escritores jovens tornaram-se autores de sucesso, tendo alguns de seus livros se tornado *best-sellers*, como foi o caso de Rodrigo Constantino, autor de *Esquerda Caviar*; Leandro Narloch, autor do *Guia Politicamente Incorreto da História do Brasil*; Bruno Garshagen, autor de *Pare de acreditar no governo!*, Adriano Gianturco, autor de *A Ciência da Política – Uma Introdução*; e Gustavo Maultasch, autor de *Contra Toda Censura*.

Nas redes sociais, surgiram em curto lapso de tempo defensores do capitalismo que possuem centenas de milhares ou até mesmo milhões de seguidores, entre os quais destaco a nutricionista e influencer digital Lara Nesteruk, fã declarada de Ayn Rand, que tornou ainda mais popular o Objetivismo promovendo *A Revolta de Atlas*, além de *Ayn Rand – Devaneios do Coletivismo* e *A Farmácia de Ayn Rand*, publicações da LVM Editora; a combativa empresária e economista Renata Barreto, criadora da "Cursology", plataforma que produz e distribui cursos protagonizados por ela ou por outros autores liberais ou conservadores; o advogado, fotógrafo e influencer digital Fernando Conrado, que apesar de ser mais conservador do que liberal, ajudou-me a difundir a obra de Ayn Rand por meio de uma *live* que fizemos sobre o Objetivismo em seus canais do Instagram e do YouTube; o casal Bruno e Manu Perini, com o podcast "Os Sócios", que, além de fazer uma boa defesa dos princípios, valores e ideais liberais, ainda interagem com empreendedores de sucesso ou outros influenciadores que, com maior ou menor convicção, promovem as ideias em prol da liberdade; e o Ranking dos Políticos, criação dos empresários Alexandre Ostrowiecki e Ricardo Feder, que, além de fazer um excelente trabalho avaliando deputados federais e senadores, que recebem pontuação de acordo com suas escolhas ideológicas em plenário e seu comportamento como homens públicos, difundem as ideias liberais com muita efetividade.

Surgiram também podcasts de ativistas liberais como o "Tapa da Mão Invisível", dos libertários Paulo Fuchs, associado do IEE, e Júlio Santos, do Instituto Atlantos; "Digaí", dos associados do ILA de Vitória Marcelo Mendonça, Francisco Machado e Lucas Mendonça.

Na mídia tradicional, revistas, jornais, rádio e televisão, articulistas e comentaristas liberais passaram a ter presença marcante. Programas de debates cujos espaços eram ocupados apenas por gente de esquerda, começaram a apresentar também defensores das ideias liberais. Eu, por exemplo, passei a participar com assiduidade em programas de rádio apresentados por jornalistas como Diego Casagrande, Guilherme Baumhardt, Guilherme Macalossi, Felipe Vieira, Julio Ribeiro, entre outros. Dezenas de artigos meus foram publicados no jornal *Zero Hora*, uma das publicações diárias com maior circulação no Brasil.

Na tarde de 13 de maio de 2020, em Vitória, assisti, com exclusividade, a reprise da apresentação de livro que um grupo de associados do ILA havia feito na semana anterior, como parte do programa de formação da entidade.

Tomado por crescente emoção, enquanto a apresentação transcorria fui me dando conta de que minha vida de ativista na defesa das ideias liberais, baseadas na premissa de que somos detentores de direitos inalienáveis, como tão bem teoriza Ayn Rand por meio da sua filosofia Objetivista, estava completando a sua missão.

Vi ali jovens, empresários, profissionais liberais e executivos, protagonizando monólogos dignos dos melhores palcos do mundo. De memória, com excelente produção, repetiam com absoluta convicção as mensagens contidas nas falas de John Galt, Dagny Taggart, Hank Readen, Francisco D'Anconia, Ragnar Danneskjold, extraídas do livro que apresentaram na semana anterior para seus colegas, *A Revolta de Atlas*, de Ayn Rand.

Impactado pela performance, relembrando toda a jornada que havia percorrido em minha luta por mais liberdade, não me restou outra coisa senão abraçar Larissa Carneiro, que havia interpretado Dagny Taggart, descansar minha cabeça em seu ombro e chorar compulsivamente.

Larissa Carneiro, Lucas Mendonça, Cristiano Stein, Vitor Bobbio, Luiz Henrique Stanger e Tiago Damiani, responsáveis pela apresentação, me proporcionaram um dos momentos mais felizes da minha vida, aquele no qual fui tomado pela consciência de que meu trabalho de décadas na defesa das minhas ideias e daqueles que me ensinaram sobre o que é a liberdade, valeu a pena.

Em 2022, retirei-me de todas as entidades de que participava institucionalmente para me dedicar à confecção deste livro, além de dar palestras e cursos sobre o Objetivismo, a filosofia de Ayn Rand.

"Iluminismo tardio" significa que o breu intelectual durou mais tempo do que deveria. Vivemos no Brasil uma verdadeira Idade das Trevas, que faz com que potencialidades não se materializem, propósitos de vida se desvaneçam na escuridão da ignorância, da evasão, do arbítrio, da opressão e da covardia. Talentos, sonhos e ambições não se desenvolvem, pessoas não florescem, indivíduos não prosperam por falta de lucidez daqueles que têm o poder e a ousadia de produzir sombra onde a luz deveria estar.

Durante essa jornada liberal, tenho me sentido como um espectador engajado, como no título do livro de Raymond Aron[163], que me ajudou a enxergar além do que haviam me ensinado meus pais e meus professores. Sou testemunha ocular e cúmplice de um movimento libertador formado por pessoas que conseguem iluminar os caminhos da liberdade como um farol protege os navegantes iluminando os rochedos, a despeito dos que lutam contra a nossa vitória. Caminhos da liberdade que permitem a todos viver suas vidas como elas devem ser vividas, não por dever, mas por escolha própria. Escolher não é apenas decidir o que cobiçar. Escolher também é decidir sobre o que vamos deixar para trás. No mundo das ideias, escolher entre as luzes e as sombras é cobiçar a existência, deixando para trás o nada.

O Objetivismo não tem como propósito libertar sociedades, ainda que sirva para justificar por que devemos ser livres. O Objetivismo entende que liberdade é uma escolha, e que sociedades só se libertam quando os indivíduos escolhem ser livres e lutam por isso com coragem e sabedoria. O movimento liberal em geral, e o Objetivismo em particular, buscam apenas isso, iluminar os caminhos por onde passarão os homens livres.

Libertar os indivíduos começa por libertar suas mentes, para poderem usufruir da liberdade e do que ela permite produzir sem culpa nem ressentimento. Este sempre foi para mim o objetivo final do movimento liberal, do qual há décadas faço parte. A defesa da

---

163. Raymond Aron (Paris, França, 1905~Paris, França, 1983), filósofo, sociólogo, historiador e jornalista.

liberdade e da justiça consiste apenas na luta pela libertação das mentes de indivíduos aprisionados por dogmas, preconceitos, medos e falácias tão antigos quanto a própria humanidade.

Que todos os que desejam ser donos de suas vidas e não temem arriscá-las em nome de seus propósitos, que todos os que fazem por merecer a felicidade genuína, como gostaria John Galt, tenham as luzes da liberdade e da justiça iluminando seus caminhos.

O Objetivismo de Ayn Rand é o resgate da visão de Aristóteles, é a recuperação do Renascimento esquecido, é a retomada do Iluminismo inacabado, é a ressurreição do espírito dos Pais Fundadores dos Estados Unidos da América, é a declaração definitiva em favor dos direitos individuais inalienáveis, é uma ode ao direito à vida, à liberdade, à propriedade e à busca da felicidade, como aprouver a cada ser humano que tenha existido, que estiver existindo ou que vier a existir. O Objetivismo é, antes de tudo, uma exaltação à humanidade naquilo que nos faz ser únicos, a nossa individualidade, a nossa privacidade a nossa capacidade de pensar e fazer escolhas.

QUEM É JOHN GALT?

*O topo produtivo, moral e intelectual de uma nação é a classe média.
É um amplo reservatório de energia, é o motor e o sangue vital de um
país, que alimenta o resto. O denominador comum de seus membros,
em seus vários níveis de habilidade, é: independência.
As classes altas são apenas o passado de uma nação;
a classe média é o seu futuro.*[164]

Em 1955, nasci no seio de uma família judia de classe média baixa, que trabalhava com comércio. Meu avô Isaac Mainfeld, pai de minha mãe, Annita, era caixeiro-viajante, nome que davam para os representantes comerciais ou distribuidores itinerantes que percorriam as lojas para vender seus produtos no atacado. Tendo juntado um pequeno capital, em 1958 abriu, em sociedade com meu pai, que acabou assumindo o empreendimento mais tarde, uma loja de móveis e eletrodomésticos para a classe operária residente na zona norte de Porto Alegre. Meu pai, Marcos Rachewsky, diversificou os negócios, que tiveram muito sucesso, até que, em 1992, faliu, como faliram milhares de empresas naquele período devido à crise econômica crônica que se abateu principalmente sobre o comércio varejista nacional. Lá trabalhei por catorze anos, de 1975 até 1989, quando saí da empresa para seguir meu próprio caminho como empreendedor.

Meu avô paterno, David Rachewsky, havia sido gerente da filial gaúcha da fábrica de máquinas de costuras Singer[165], tendo ele próprio sua equipe de caixeiros-viajantes que percorriam o Rio Grande do Sul oferecendo o produto. Muito culto, era um estudioso do espiritismo

---

164. Excerto do artigo escrito por Ayn Rand, "The Dead End", publicado em *The Ayn Rand Letter*, I, 20, 3.
165. Singer Corporation, fundada em 1851 por Isaac Singer nos EUA, e no Brasil desde 1858.

de Alan Kardec[166], e tinha hábitos alimentares e um estilo de vida que impressionariam os atuais especialistas da área. Adorava livros, tendo sido responsável pela biblioteca da Associação Comercial de Santa Maria[167], cidade localizada na região central do Rio Grande do Sul. Também trabalhou como editor na Livraria do Globo[168], de onde saiu para ser corretor imobiliário.

Meus avós vieram para o Brasil ainda pequenos, carregados por seus pais que fugiam das perseguições promovidas por Nicolau II, conhecidas como *pogroms*. Foram levas e mais levas de imigrantes provenientes de lugares hoje pertencentes à Lituânia, Romênia, Moldávia, Bielo-Rússia, Ucrânia, Polônia e a parte ocidental da Rússia.

Tive uma infância tranquila, cresci no bairro Bonfim, em Porto Alegre, uma espécie de gueto judaico habitado pelos descendentes daqueles que vieram para o Brasil no início do século XX. Frequentei escola estatal, sofri e pratiquei *bullying*, brincava na rua, ia para a escola sozinho, jogava bola no parque da Redenção, que ficava na frente do edifício onde morava, próximo do Colégio Militar e do quartel da Polícia do Exército. Por isso, assisti da sacada do meu apartamento, no dia 31 de março de 1964, os tanques de guerra se deslocarem dali para o Palácio Piratini, sede do governo gaúcho.

Em 1968, já estudava em uma escola particular depois de prestar o exame de admissão. Foi ali que, aos treze anos de idade, fui despertado para o estudo das ideologias por minha professora de história, Giselda Fernandes, que entrou chorando na sala de aula, deixando-nos estupefatos. As lágrimas de indignação brotavam como resposta emocional à desilusão que estava experimentando com o socialismo soviético,

---

166. Hippolyte Léon Denizard Rivail (Lyon, França, 1804~Paris, França, 1869), educador, autor e tradutor francês. Conhecido como "Allan Kardec", codificou o espiritismo, neologismo por ele criado.
167. Câmara de Comércio, Indústria e Serviços de Santa Maria (CACISM). Fundada em 1897.
168. Livraria e editora de Porto Alegre, fundada em 1883 e vendida em 1986 para as Organizações Globo, da família Marinho.

depois que as forças do Pacto de Varsóvia[169] sufocaram o movimento dissidente tchecoslovaco, conhecido como Primavera de Praga[170], que queria mais liberdade para os tchecoslovacos e independência do governo da Tchecoslováquia do jugo de Moscou. Aquela cena inusitada mexeu com minhas emoções e com minha curiosidade. Pesquisar e estudar sobre o socialismo e o capitalismo passara a ser o meu objetivo assim que deixasse a escola e chegasse em casa.

Em 1972, estudei quatro meses nos Estados Unidos, num daqueles programas de intercâmbio. Era uma época desafiadora para os americanos. Nixon havia sido reeleito. Os bombardeios sobre o Vietnam do Norte se intensificavam. O caso Watergate[171] começava a aflorar na imprensa. Enquanto meu voo aterrissava em Nova Iorque, o último astronauta americano a caminhar na Lua se preparava para voltar à Terra com a Apollo 17. Havia uma enorme crise energética, e consequente crise econômica. A inflação estava fora de controle, e Nixon, antecipando os planos heterodoxos mais tarde adotados no Brasil, decretava medidas como congelamento de preços e salários, elevava impostos no comércio exterior, além de acabar definitivamente com o padrão-ouro, criando o sistema de conversibilidade flutuante entre as moedas internacionais, o que levou a uma desvalorização do dólar jamais vista.

---

169. Organização do Tratado de Varsóvia, aliança militar assinada entre a União Soviética e sete outras repúblicas socialistas do Bloco Oriental da Europa Central e Oriental em maio de 1955. O acordo foi criado em reação à integração da Alemanha Ocidental na Organização do Tratado do Atlântico Norte (OTAN), em 1955.
170. Primavera de Praga foi o período no qual as lideranças políticas da Tchecoslováquia tentaram libertar o país da dominação exercida pela União Soviética após a Segunda Guerra Mundial. Durou de 5 de janeiro de 1968, quando Alexander Dubček (Uhrovec, Eslováquia, 1921~Praga, República Checa, 1992) chegou ao poder, e terminou em 21 de agosto daquele ano, quando a União Soviética e os membros do Pacto de Varsóvia invadiram o país, sufocando o movimento e prendendo seus líderes, que foram levados a Moscou e depois de trazidos de volta, acabando no ostracismo.
171. Escândalo político ocorrido em meados de 1972 nos Estados Unidos da América, cujas investigações identificaram o envolvimento do presidente Richard Nixon, do Partido Republicano, levando-o à renúncia em agosto de 1974.

Para mim, essa experiência vivida numa sociedade como a americana, onde o povo é consciente e exige respeito do governo, foi interessantíssima. Acompanhei de perto a indignação da população, o que fez com que o presidente renunciasse, a guerra do Vietnam acabasse e um mínimo de racionalidade voltasse à administração pública.

História Americana era minha cadeira preferida na escola. Entre outras matérias, pude estudar em detalhes, por várias semanas, o fato histórico chamado de "The Louisiana Purchase", transação na qual o governo dos Estados Unidos da América, presidido por Thomas Jefferson, cujo Secretário de Estado era James Madison, adquiriu terras que pertenciam à França, um negócio que envolveu área equivalente a cerca de um terço do território americano como o conhecemos hoje. Essa experiência reforçou a admiração que sempre tive pelo povo americano, suas instituições e suas conquistas.

Em 1974, frequentando a Faculdade de Administração, Economia e Ciências Contábeis da UFRGS, que cursava simultaneamente com o Centro de Formação de Oficiais da Reserva do Exército Brasileiro – CPOR, passei a participar do diretório acadêmico para produzir e distribuir panfletos e jornaizinhos com o objetivo de criticar a política econômica do governo do presidente Emílio Garrastazu Médici[172] e seu ministro da Fazenda Antônio Delfim Netto[173], caracterizada pelo modelo nacional-desenvolvimentista[174],

---

172. Emílio Garrastazu Médici (Bagé, Brasil, 1905~Rio de Janeiro, Brasil, 1985), militar e político, foi o 28º presidente do Brasil, terceiro do regime militar. Governou de 1969 a 1974.
173. Antônio Delfim Netto GCC (São Paulo, 1º de maio de 1928~) é um economista, professor universitário e político brasileiro. Participou do Conselho Consultivo de Planejamento (Consplan), órgão de assessoria à política econômica do Governo Castelo Branco em 1965 e do Conselho Nacional de Economia. Foi secretário de Fazenda do governo paulista de Laudo Natel em 1966 e 1967, ministro da Fazenda de 1967 a 1974, embaixador do Brasil na França entre 1974 e 1978, ministro da Agricultura em 1979 e do Planejamento de 1979 a 1985. Deputado constituinte por São Paulo de 1987 a 1988 e federal por São Paulo desde 1988. Em dezembro de 1968, Delfim foi um dos signatários do Ato Institucional nº 5 (AI-5), decreto da ditadura militar que conferiu ao presidente da república o poder de decretar a intervenção nos estados e municípios, suspender os direitos políticos de quaisquer cidadãos e cassar mandatos eletivos federais, estaduais e municipais.
174. Doutrina positivista que busca o desenvolvimento social por meio de políticas públicas intervencionistas que privilegiam o Estado em detrimento do mercado.

que promoveu o crescimento econômico por meio do endividamento externo para a obtenção de recursos para a construção de obras faraônicas por meio do Estado.

Essa atividade me levou a ser fichado no Departamento de Ordem Política e Social – DOPS, que era um órgão repressor da polícia que tratava quem criticasse o governo como um agente subversivo. Estar fichado no DOPS me impediu de fazer o estágio final de instrução no CPOR e me obrigou a abrir um processo contra o Estado para que a minha ficha fosse cancelada e um atestado de bons antecedentes fosse emitido, para que eu pudesse voltar à normalidade. O mais interessante nesse episódio foi ter que explicar ao agente do DOPS que estava tomando o meu depoimento que eu não era comunista, apesar de ser contra o governo.

Se hoje ainda é difícil para as pessoas aceitarem que a política não é binária, que liberais como eu, capitalistas radicais, não se alinham com socialistas nem com fascistas, imaginem há quase 50 anos, onde ou você era a favor do governo, ou o consideravam um comunista subversivo. Felizmente, o processo foi arquivado e meu atestado de bons antecedentes foi obtido depois de muito trabalho.

Como podem ver, cresci entre comerciantes e acabei sendo educado para ser um liberal. Meus pais me ensinaram a não bater nos amiguinhos nem pegar seus brinquedos sem consentimento. Usar a força só se fosse em legítima defesa, me diziam.

Esses ensinamentos são lições de vida importantes sob o ponto de vista político para quem quer construir uma sociedade civilizada. No entanto, eles não abordam o que é essencial, aquilo que leva os pais a sugerirem tal comportamento. É preciso ensinar e aprender que não se usa a coerção com os outros porque cada um de nós tem direitos individuais que servem para proteger nosso autointeresse racional, para que possamos viver a melhor vida possível, respeitando esses mesmos direitos que todos têm e que não são exclusividade de ninguém.

Em 1987, trinta anos depois de ter sido lançado nos Estados Unidos, o livro *Atlas Shrugged* era traduzido para o português, sendo intitulado *Quem é John Galt?*. Em fevereiro de 1988, levei minha família para passarmos as férias em Jurerê, na época uma idílica e pouco conhecida praia ao norte de Florianópolis, capital de Santa Catarina. Durante o carnaval chovera todos os dias, e o que me restou fazer foi ficar enfurnado em casa, lendo esse livro que tinha quase mil páginas, com letras miúdas.

A leitura era ao mesmo tempo instigante e exaustiva. O que a autora estava me apresentando era uma narrativa detalhada e precisa de um contexto que para os Estados Unidos era uma ficção, mas para o Brasil era a pura realidade. A princípio achei a leitura enfadonha, talvez porque fossem muitos detalhes que tinham grande semelhança com o que eu vivia no meu dia a dia como empresário. A certa altura, cansado da narrativa, resolvi folhear o livro para ver o que havia adiante. Encontrei então o discurso do dinheiro feito pelo personagem Francisco D'Anconia, um dos heróis da trama. Aquela passagem do livro me deixou curioso. Será que há outros discursos deste tipo? Folhei novamente buscando outros discursos nas páginas restantes, até encontrar o mais avassalador de todos, feito pelo próprio herói principal, John Galt, que em cadeia de rádio e televisão dizia o que transformou minha mente para sempre.

Terminei de ler os dois discursos e concluí que precisava ler o livro integralmente, porque a autora não teria colocado cada detalhe, como ela fez, sem necessidade. Ninguém que pensa da maneira como a autora pensava dedicaria dez anos da sua vida para escrever um livro cheio de detalhes sem razão e propósito. Li *Quem é John Galt?* do início ao fim de novo, apreciando cada parágrafo, cada diálogo, cada discurso, e, ao final, compreendi absolutamente a mensagem em todos os seus aspectos, tanto naqueles que fazem parte da vida privada de um indivíduo e seu caráter, como da vida em sociedade perante a cultura e a ética predominantes e sua institucionalização por meio do estado.

Quem é John Galt? me fez ver a vida e as relações sociais que lhe são inerentes de uma forma que nunca consegui ver em outras atividades intelectuais que exercitava para me tornar um indivíduo livre e independente psicoepistemologicamente. Muitas das atividades que exercia e que me faziam sentir frustrado por me parecerem sacrifícios dos quais não conseguia me desapegar, mesmo depois de anos e anos de psicanálise, acabei me livrando depois de ler e compreender o que Ayn Rand tinha para me dizer a respeito da vida, do uso da razão e do autointeresse, da virtude do egoísmo racional.

Li *Quem é John Galt?* em 1988 e nunca mais precisei relê-lo para manter acesa em meu ser, em minha mente, a chama do individualismo e do capitalismo *laissez-faire* como a ética e a política coerentes com o nosso ser, como defendeu, como ninguém, Ayn Rand.

John Galt é o personagem principal de *A Revolta de Atlas*. Foi colocado ali por Ayn Rand para ser o herói, o indivíduo moralmente perfeito, aquele que não se deixa levar pelas emoções, mas as utiliza como motivação para aplicar a razão sobre seus sentimentos, buscando entender quais valores foram afetados para reagir à realidade ou ao subconsciente. Também é o sujeito e objeto da própria ação, aquele que age unicamente tendo em vista o autointeresse, almejando apenas o que é direito e compartilhando o que cria com os demais por mérito, por justiça. Não falseia a realidade para si, nem para os outros. Não engana a própria consciência porque integridade é uma virtude. Sabe que precisa criar valor para ter o que deseja, seja para usufruir diretamente do valor criado por ele, ou para usufruir dos valores que aprecia, mas que foram criados pelos outros, com os quais procurará fazer trocas justas, visando o mútuo benefício.

John Galt não se conforma no papel da vítima que sanciona seus algozes, nem demanda que os outros se sacrifiquem por ele. Pelo contrário, age para conscientizar quem se submete à uma vida de servidão para libertá-lo e despreza aqueles que ousam escravizá-lo. John Galt é idealmente virtuoso até onde um ser humano pode ser, assim como Howard Roark, protagonista de *A Nascente*, outro *best-seller* de Ayn Rand. John Galt sabe o que quer da vida, atribui a ela o significado que entende que ela deve ter e, por tudo isso, experimenta o orgulho de a cada dia ser um ser humano melhor.

Na nossa sociedade, onde impera o subjetivismo e o relativismo, as mensagens transmitidas aos mais jovens sobre ética são, na maioria das vezes, contraditórias, criando mentes confusas que experimentam dificuldade na hora de fazer julgamentos a respeito das ações e do caráter daqueles personagens com os quais se convive no mundo real, seja por escolha ou por imposição. Essa nebulosidade acaba sendo projetada por meio da estética, criando no mundo da ficção uma associação indefectível entre o bem e o mal.

Consciente desse problema, entendendo haver uma zona cinzenta na qual as pessoas têm dificuldade para colocar as coisas preto no branco, Ayn Rand adotou uma narrativa romântica realista para seus livros, e definiu seus personagens com contornos radicais para evidenciar de forma inequívoca quais eram os virtuosos e quais não. Afinal, não existe cinza que não seja uma mistura do preto e do branco.

É óbvio que Ayn Rand idealizou John Galt, assim como Howard Roark, para serem paradigmas daquilo que os seres humanos podem alcançar eventualmente, o ser moralmente perfeito que nada mais é do que aquele que persegue superar as barreiras psicoepistemológicas erigidas ao longo da sua formação e do seu desenvolvimento cognitivo e emocional, para aproveitar todo o potencial que sua mente e seu corpo podem aspirar. É aquele personagem que não teme a polarização, pelo contrário. É o primeiro a polarizar porque não se pode escolher o bem sem colocar de lado o mal.

Depois de ter lido *A Revolta de Atlas*, li *A Nascente*. Se *A Revolta de Atlas* é um livro difícil de se ler pela amplitude das relações entre seus inúmeros personagens e as ideias por eles defendidas, *A Nascente* me pareceu muito mais cativante, talvez por ser mais intimista. Lida menos com as questões sociais do individualismo e mais com a aplicação dessa ética na alma, no espírito, na mente dos personagens e na formação dos seus caracteres. *A Nascente* foi traduzido e publicado no Brasil pelo Ateneu Objetivista, um instituto criado por amigos e colegas do Instituto de Estudos Empresariais, Winston Ling, André Loiferman e Leonidas Zelmanovitz.

A divulgação dos trabalhos de Ayn Rand era feita de forma nada ortodoxa. Havia muita resistência na imprensa e mesmo nos fóruns liberais. Por isso, sempre que surgia uma oportunidade ou um canal alternativo para divulgarmos *Quem é John Galt?* e o Objetivismo, não deixávamos de aproveitar. Lembro, como se fosse hoje, de estar com Winston Ling numa reunião de diretoria do Instituto Liberal do Rio Grande do Sul, na Terramar, empresa da família Ling, quando entrou na sala, com um sorriso largo de satisfação, Leonidas Zelmanovitz, que abanava um recorte, uma página inteira, do jornal *Zero Hora*, onde se lia, no caderno de variedades, uma receita culinária chamada "Strogonoff à John Galt". O artigo era de responsabilidade da nutricionista Ana Laura Guimarães, amiga de Leonidas e irmã da publicitária Suzana Guimarães, que fazia a assessoria de imprensa do Instituto Liberal do Rio Grande do Sul. Obviamente, aquilo teve ótima repercussão, justificando o estado de felicidade de Leonidas, que acabou nos contagiando.

Mais tarde, Leonidas nos explicou que a receita de strognoff de carne descrita na matéria do jornal, havia sido trazida por Ayn Rand da Rússia, em 1926, e que ele a encontrara em um livro chamado *Libertarian Cooking*, que trazia também contribuições culinárias de Murray Rothbard, Henry Hazlitt, Milton e David Friedman, Ron Paul, entre outros.

Meu encontro com Ayn Rand não foi casual. Ela me foi apresentada por amigos que sabiam do meu interesse nas ideias que ela defendia. Minha admiração por ela também não aconteceu sem razão. Desde pequeno, como ela, eu não acreditava na possibilidade da existência de Deus. Sempre fui ateu e sempre gostei de estudar filosofia, história e geografia. Sempre me fascinaram os pensadores gregos, e os Founding Fathers americanos para mim eram heróis.

Lia os clássicos e me encantava com livros românticos povoados por heróis, mocinhos que derrotavam bandidos. Como Ayn Rand, sempre apreciei Agatha Christie e os filmes maniqueístas de Howark Hawks. *Os Miseráveis*, romance de Vitor Hugo e *Cyrano de Bergerac*, peça teatral de Edmond Rostand, figuram entre as minhas obras literárias preferidas.

O mais importante é que eu entendo o que é ser humano, o que é ser racional, o que é ser egoísta, o que é ser dotado de direitos individuais inalienáveis e o que é ser capitalista radical. Não porque eu aprendi com Ayn Rand, mas porque esses conceitos, princípios e valores sempre estiveram comigo. Ayn Rand apenas me ajudou a integrar melhor tudo isso ao me apresentar a sua filosofia, o que contribuiu enormemente na transmissão desse conhecimento e no exercício da defesa dessas ideias seja por meio da palavra escrita ou falada.

Como um John Galt da vida real, meu propósito é conscientizar as pessoas de que a vida é única, é limitada, é intrasferível, devendo servir exclusivamente àquele que, quando é perguntado sobre o que é um fim em si mesmo, responde dizendo: – "Eu".

Todos que defendem a primazia da realidade, a razão como um absoluto, o egoísmo racional, o capitalismo radical, como eu faço, pode dizer "Eu sou John Galt". E você? Se eu lhe perguntar "Quem é John Galt?", responderá o quê?

O capitalismo é o sistema do futuro. O capitalismo nunca foi tentado no Brasil. Eu luto no campo das ideias pelo capitalismo, agindo para mudar a mentalidade que não permite que seus pilares sejam construídos. É por isso que eu sempre repito o que Ayn Rand escreveu enigmaticamente em seu livro *The Romantic Manifesto*: "Quem luta pelo futuro, vive nele hoje".

Eu vivo no futuro porque luto por ele no presente, como o grego Aristóteles, o frade Tomás de Aquino e a heroína Ayn Rand.

CONCLUSÃO

Não deixe sua chama se apagar com a indiferença.
Nos pântanos desesperançosos do ainda, do agora não.
Não permita que o herói na sua alma padeça frustrado e solitário
com a vida que ele merecia, mas nunca foi capaz de alcançar.
Podemos alcançar o mundo que desejamos.
Ele existe. É real. É possível. É seu[175].

A humanidade percorre caminhos imprevisíveis. Caminhos que são resultado da escolha de um ou outro indivíduo que, por suas características pessoais, conduzem as hordas que os seguem a destinos que podem ser prognosticados pelos visionários.

Aqueles que entendem a natureza humana, que dominam as leis do universo, estabelecem trajetórias e destinos cujos propósitos relacionam-se com a vontade de existir, de ser livre, de criar valor e ser feliz.

Numa análise histórica e geográfica, podemos verificar a existência de povos que não conseguiram romper as barreiras da opressão e da miséria. Confinados como condenados a ideologias perversas, vivem hoje e viverão amanhã como em priscas eras, experimentando o que há de mais rudimentar e primitivo em termos epistemológicos, éticos e políticos, com consequências nefastas em termos sociais, econômicos e tecnológicos.

A humanidade multiplicou-se e enriqueceu por meio do uso adequado do único instrumento de sobrevivência que a natureza lhe proveu, a sua mente. Tudo que o homem precisa para viver exige foco mental para entender a realidade e poder criar e produzir o que satisfará suas necessidades existenciais, sejam elas materiais, intelectuais ou espirituais.

---

175. Excerto de *A Revolta de Atlas*, de Ayn Rand.

Abdicar do uso da razão nos torna incapazes de transformar a escassez que caracteriza a natureza na abundância que advém da genialidade da mente humana e da ação consequente.

A humanidade só mudou de patamar em termos de qualidade de vida quando entendeu que seria preciso substituir a fé pela razão, o uso da coerção pela liberdade. A evolução da humanidade só foi possível na medida em que os homens se afastaram do misticismo dos dogmas religiosos ou seculares para explicar a realidade. Quanto mais os homens deixaram para trás a selvageria do uso da força contra seus semelhantes como meio de subsistência, menos primitivas e rudimentares se tornaram suas vidas.

Ayn Rand viveu em uma sociedade construída sobre o misticismo religioso daqueles que ela chamava de "witch doctors"[176]. Com o fim do Império Russo, Ayn Rand sofreu amargas experiências com os místicos seculares, os "Átilas"[177], seres irracionais que vivem da exploração de seus semelhantes por meio do uso da força na política.

A Rússia czarista, com sua monarquia absoluta, era o reino perfeito para os feiticeiros. Caracterizada por um regime despótico designado por Deus, levou a sociedade russa aos confins da irracionalidade, até ser substituída por outro ainda mais autoritário, niilista e deletério.

A Rússia soviética dispensou o misticismo religioso, adotando o misticismo secular. O arbítrio de origem divina deu lugar a uma manifestação ideológica secular cujas consequências foram desastrosas para os russos em particular e para o mundo em geral.

Ayn Rand, heroicamente, conseguiu se libertar.

Em primeiro lugar, libertou-se das amarras da sua própria consciência. Entendeu a importância da razão para a sobrevivência, da autoestima para confiar nas suas convicções, do autointeresse para escolher seus valores, da liberdade para poder criá-los e mantê-los.

---

176. Feiticeiros. Mentores que baseiam suas conclusões a partir de fantasias, mitos, lendas ou superstições. Personagens medievais encontrados na literatura sobre as disputas de poder durante a Idade das Trevas.
177. Átila (400, Panonia, Hungria~453, Panonia, Hungria), líder dos hunos, povo nômade e bárbaro. Promoveu a expansão da sua tribo conquistando territórios da Europa por meio da devastação, da pilhagem e da escravização dos perdedores.

Em segundo lugar, libertou-se da sociedade dos "witch doctors" e dos "Átilas" onde corria risco de vida. Decidiu ir atrás da sua própria história em outro lugar. Aquele lugar onde a vida é privada, onde a sociedade havia sido estabelecida com base na filosofia aristotélica e também tomista, que ela adotara como sua, depois de aperfeiçoá-las.

Ayn Rand foi mais do que uma escritora de romances. Foi muito além de ser uma filósofa que construiu uma filosofia completa para que o homem pudesse viver aqui na Terra. Aquela mulher destemida enfrentou todos os desafios que surgiram nos caminhos que escolheu até realizar seus sonhos mais infantis.

Ayn Rand foi uma escritora prolixa, cujas obras mudaram vidas. Ela foi uma filósofa genial cujo legado pode transformar a humanidade para o bem e para melhor.

Por isso, pelo que fez ao longo da sua vida, pelas batalhas que enfrentou e venceu, pelo legado que deixou para o futuro, ela merece entrar para história como uma heroína.

Será das poucas heroínas a ser lembrada que não precisou usar armas nem entregar sua vida em sacrifício. Ayn Rand é a heroína que usou apenas a mente para guiar a humanidade pelos caminhos da liberdade, da civilização e da prosperidade.

> Um princípio é "uma verdade fundamental, primária ou geral, da qual dependem outras verdades". Assim, um princípio é uma abstração que engloba um grande número de concretos. É somente por meio de princípios que se pode traçar metas de longo prazo e avaliar as alternativas concretas de cada momento. São apenas os princípios que permitem a um homem planejar seu futuro e alcançá-lo.
>
> O estado atual de nossa cultura pode ser medido pela extensão em que os princípios desapareceram da discussão pública, reduzindo nossa atmosfera cultural à sórdida e mesquinha falta de sentido de uma família briguenta que pechincha sobre concretos triviais, enquanto trai todos os seus valores principais, vendendo seu futuro por alguma vantagem espúria do momento.
>
> **Ayn Rand**

POSFÁCIO

O GREGO, O FRADE, A HEROÍNA E O INCONFORMISTA

Fernando L. Schüler
Professor do Insper

O Roberto é um intelectual pouco dado a fazer concessões. É um sujeito tranquilo e cordial, mas, no plano teórico, e como se diz na gíria, "não leva ninguém para compadre". Alguém poderia sugerir que ele é muito "radical" (ele já deve ter escutado isso) ou quem sabe um "absolutista de direitos", ou ainda um "liberal ortodoxo". Imagino que, no devido contexto, ele veria até com bons olhos estas definições. Alguém ainda poderia dizer que o Roberto é um pensador "utópico". Também acho que ele já deve ter escutado alguma coisa nessa linha. Uma sociedade estruturada sem coerção? Abolição dos impostos? Um Estado restrito às funções mínimas da garantia da ordem e da justiça? "Sem chances", dirão muitos. Não entro no mérito. De minha parte, vejo o Roberto como um intelectual normativo. A um dado momento, já no final do livro, ele diz que "o capitalismo nunca foi tentado, no Brasil", e complementa com a frase enigmática de Ayn Rand: "quem luta pelo futuro, vive nele". É um pouco o caso do Roberto. Ele fixa um conceito sobre a natureza do liberalismo, e a partir daí estabelece seus juízos. E talvez por isso fui um dos amigos que lhe incentivou a escrever este livro. Um texto que serve como bússola. No universo caótico da democracia atual, com sua multiplicidade de interesses, visões de mundo, partidos, redes de ativistas e grupos de pressão, o Roberto nos propõe um critério para julgar. Um critério do qual por vezes discordo, e por vezes acho que isto acontece porque vivo mais distante do que ele do futuro. De qualquer maneira, não é isto que importa aqui, e nem na leitura do seu livro. O ponto é que ele tem credibilidade exatamente porque não cede, aqui e ali, ao sabor das circunstâncias, dos humores do dia e urgências políticas. Afinal, ele não é um político, nem um intelectual particularmente interessando em agradar. Em que pese tenha sido um construtor, ao longo da vida, de instituições, ideias e afetos, seu gosto é o contraponto. Seu habitat natural, a trincheira. Não acho que isto seja particularmente surpreendente, neste País onde a palavra "capitalismo" ainda guarda uma conotação negativa, e onde as "abstrações do liberalismo", como disse Sérgio Buarque, nunca criaram raízes.

Seu livro mistura duas histórias. Uma delas é a grande aventura moderna que produziu as ideias do constitucionalismo político, do governo limitado, dos direitos individuais e da economia de mercado. Roberto vê na obra de Ayn Rand uma espécie de síntese dessa aventura. Há uma imensa literatura dando conta do nascimento da ideia liberal, na Europa moderna. Usando sistemas de busca como Google's Ngram Viewer, o professor Daniel Klein, da George Mason University, constatou que por volta do final da década de 1760 o termo "liberalismo" passa a ser utilizado no sentido político-normativo, isto é, como um tipo de política de proteção de direitos, propriedade e abertura econômica. É certo que se trata de uma história que vem de muito antes disso. Vem da cisão da reforma protestante, quando Lutero diz "não", na Dieta de Worms; Vem do ceticismo de Montaigne, da vem carta de Milton ao Parlamento Inglês, a Areopagítica, pedindo o fim da censura, mas trazendo junto uma agenda liberal quase completa; vem, quem sabe antes de tudo, de um aprendizado histórico bastante objetivo. E dolorido. O aprendizado das guerras de religião, da fogueira que queimou Michel de Cervetto, com lenha verde, que assistiu à Noite de São Bartolomeu, a Guerra dos Trinta Anos, a Inquisição. Foi só depois de toda esta desgraça que os europeus foram entendendo que não era possível viver assim. Que em um mundo fraturado, ou se encontrava um jeito de viver em liberdade, um tipo de contrato que permitisse a convivência pacífica dos contrários, ou nosso destino seria a guerra permanente. Esse "jeito" foi o liberalismo.

Talvez seja possível pensar dois momentos definidores de consolidação desta grande tradição. Roberto faz menção a ambos, ainda que rapidamente, na primeira parte do livro. O primeiro traz a marca do exílio. Mais especificamente, o curto exílio holandês em que Locke conclui o Segundo Tratado e escreve as suas cartas sobre a tolerância, advogando pela rigorosa separação entre as questões de Estado e os temas de consciência. Locke apela a um argumento de realidade: a força é perfeitamente incapaz diante da consciência individual. Um ditador qualquer pode usar da violência extrema para extrair uma confissão. Pode fazer Galileu assinar uma carta recuando de suas conclusões sobre o movimento dos corpos celestes, mas não pode o fazer recuar verdadeiramente. Não pode mover sua fé ou modo de pensar. Outro dado de realidade: Locke havia assistido aquela pequena multidão de refugiados huguenotes que vinham da França, fugindo da perseguição que se desencadeou com o Edito de Fontainebleau, que eliminou a já tênue liberdade religiosa na França. Ele percebe com clareza que uma sociedade marcada pelo fato do pluralismo só viveria em paz se aceitasse o princípio da tolerância. Talvez este tenha sido o insight fundador do liberalismo. A partir daí, suas figurações. A ideia de um estado de natureza marcado pela ausência de hierarquia natural, entre os homens. A ideia de que dispomos de certos direitos inalienáveis, sobre os quais a razão mesma nos ensina, e de que apenas o livre consentimento é capaz de dar origem a uma ordem política legítima e duradoura.

O segundo momento definidor vem com a publicação de A Riqueza das Nações, de Adam Smith. "Todo homem, contanto que não viole as leis da justiça", diz Smith, "é deixado perfeitamente livre para perseguir o próprio interesse e colocar sua indústria e capital em competição com os de qualquer outro homem". A tese define o nascimento da moderna economia política e prefacia a revolução industrial, em uma história amplamente conhecida. O aspecto interessante é a conexão feita por Roberto. A evolução econômica não se dá primordialmente pela revolução tecnológica, mesmo que esta seja uma parte essencial do processo. Sua raiz é ainda anterior. Seu aspecto definidor foi "o reconhecimento de que somos seres racionais, dotados de direitos individuais inalienáveis". Reside em parte no aspecto institucional, feito da vigência do rule of law, no processo posterior à Revolução Gloriosa, na segurança quanto aos direitos de propriedade, e em especial a propriedade intelectual; em parte, resido no elemento cultural. Na dignificação do "homem comum", conforme enfatizou Deirdre McCloskey, com a nascente cultura da igualdade burguesa, e no elemento propriamente cultural e científico. A ideia enfatizada pelo historiador Joel Mokyr, associando o progresso tecnológico à "mudança em crenças culturais sobre o mundo natural e a difusão do conhecimento". O ponto é que há um continuum entre os dois momentos definidores do liberalismo – a revolução intelectual feita pela dúvida metódica, o método científico, a aceitação da liberdade de pensamento, e o primado do autointeresse individual e da economia de mercado, que esteve na base da revolução industrial.

É possível que Roberto veja na obra de Ayn Rand maior originalidade teórica do que ela, de fato, possui. Afinal, as ideias do individualismo metodológico, do auto interesse racional, da economia de mercado, já vem de longe, no universo moderno. Mas é a definição dada a sua personagem central me parece perfeitamente adequada: a heroína. Mulher de dois mundos, ela compreendeu pela própria experiência a diferença entre uma sociedade pautada pelo medo e outra pela liberdade. Talvez resida aí boa parte de sua força: em um mundo pautado pela guerra fria, pela sedução do socialismo, e pelo corporativismo e crescimento desmedido do Estado, no ocidente, ela fixou uma posição clara na direção oposta. O ponto é que eventualmente ela não esteja sozinha, nesta tarefa. Sua filosofia rejeita o apriorismo ético kantiano, mas sua solução para o problema do contrato político parece bastante próxima do argumento neokantiano apresentado por Nozick, em Anarquia, Estado e Utopia. Sua defesa do estado mínimo e do uso de qualquer forma de coerção representa um tipo de telos, isto é, um lugar que desejamos alcançar e para o qual, de fato, caminhamos. É possível pensar dessa maneira, se observarmos o lendo e gradual avanço das liberdades individuais, ainda que com idas e vindas, no mundo atual. De qualquer modo, se trata de uma poderosa ideia normativa. Roberto faz questão de a distinguir de seus primos próximos: o liberalismo com uma pitada social, de Milton Friedman, com sua defesa dos sistemas de voucher, e do liberalismo clássico de Hayek, com sua admissão, ainda que periférica, de políticas redistributivas, como a garantia da escolarização das crianças e de um mínimo social. Roberto enquadra, da mesma foram, com expressões de formas atenuadas de coletivismo, as obras de intelectuais liberais com J.S. Mill e seu utilitarismo de regra, e a tese marcante, no século XX, de John Rawls. Com relação a este último, Roberto apresenta no mínimo um forte ponto em comum: a crítica da inveja e suas patologias como o pecado moral por excelência, que brota da desigualdade moderna, e tende a contaminar todo o tecido social. "A mais imoral das manifestações psicoepistemológicas", diz Roberto, e a "cultura da inveja e do ódio". Rawls faz um diagnóstico praticamente idêntico, a ponto de excluir o sentimento da inveja do desenho motivacional de sua "posição original", em que se produzem seus princípios de justiça. E exclui precisamente porque considera que se trata de uma "psicologia especial" destrutiva, que leva a escolhas individual e coletivamente irracionais. Roberto apresenta um dos paradoxos modernos, acertadamente, observando que "quanto mais produzimos riqueza, maior é a desigualdade e menor é a pobreza". De um modo geral, é o argumento de Rawls, e é por isso que sua teoria, como um todo, funciona para dizer que a justiça, em uma sociedade aberta, não diz respeito à igualdade econômica, mas à melhora gradativa da condição dos "de baixo". Nisso, por óbvio, se afasta do paradigma de Ayn Rand. A diferença é bastante mais atenuada em relação à posição de Hayek, quando ele nos pede que façamos uma escolha entre igualdade de direitos e igualdade de resultados, sendo bem conhecida sua resposta. Dito isto, talvez o mundo das ideias liberais apresente mais cruzamentos e pontos de contato, do que o texto de Roberto sugere. Ainda que seja perfeitamente compreensível que, em um livro de apresentação geral de um argumento, a opção seja pela ênfase no contraste, ao invés da convergência.

Roberto é implacável com o Brasil. "No Brasil", diz, "nunca prosperaram as ideias iluministas que transformaram outros países em sociedades livres e prósperas". Ele mesmo confessa, em certo momento, que quando leu A Revolta de Atlas pela primeira vez, em um verão chuvoso de Santa Catarina, sentiu certa irritação ao perceber que a distopia formulada por Ayn Rand se parecia, tragicamente, com a realidade brasileira. Um mundo onde "as leis são subjetivas, violam os direitos individuais em nome de interesses escusos, mas que têm o objetivo escamoteado de transferir mais poder e recursos para o setor coercitivo da sociedade, os políticos, burocratas e as corporações, seja de sindicatos de trabalhadores ou de empresários mancomunados com o governo". É uma descrição um tanto dura, e talvez deixe à margem histórias de coragem e liberdade, ao melhor estilo John Galt. Histórias, de certo modo, como as de muitas famílias judias, como os Rachewsky, e quem sabe também os Schüler, que a um certo momento fizeram, em direção ao Brasil, um percurso similar ao feito por Ayn Rand, em direção a América. Quando chegaram, eles não vislumbraram a fachada imponente dos edifícios de Nova Iorque, ou a Estátua da Liberdade. Enxergaram uma cidade açoriana sem brilho, como era a Porto Alegre do século XIX, e a mata virgem do interior gaúcho. E não tenho dúvidas de que sua história seja igualmente fascinante.

Durante bom tempo insisti para que o Roberto escrevesse o seu livro. Por muitas razões. Primeiro, porque ele gosta de escrever. Escreve todos os dias, e sempre de maneira direta e provocativa. Um dia lhe observei que ele era um dos raros casos de alguém que conseguia fazer um uso inteligente das redes sociais. Isto não significa concordar ou discordar de cada uma das suas opiniões. Aliás, vai aí uma segunda razão: o Roberto é um cara com quem você pode debater qualquer assunto sem medo de levar um argumento ad hominem pelas costas. Talvez seja algum tipo de disciplina intelectual. Não sei. Sua paixão é o argumento. Numa época em que a lógica tribal se tornou dominante, no debate público, não é pouca coisa. É bom ter uma espécie de lobo solitário na área, que você sabe não lhe dará tapinhas nas costas, em uma discussão qualquer, só porque vocês são amigos, e tão pouco lhe dará uma rasteira, se você mal o conhecer.

Outra razão da minha insistência é a capacidade sui generis do Roberto para desconstruir o infinito estoque de ideias sem cabimento que inundam nossa esfera pública. Dar uns "soquinhos no estômago", como um dia me definiu um amigo comum. O deputado quer tabelar o preço dos aluguéis? O Ministro do Supremo baixou o vigésimo sexto ato de censura, só este ano? A prefeitura criou uma lei obrigando os edifícios a comprarem uma escultura, para colocar no hall de entrada? Mais uma PEC furando o teto, para conceder mais uma bolsa-caminhoneiro-taxista-empresário? Nesse aspecto, é preciso reconhecer, o trabalho do Roberto não é o mais complicado. O Brasil é um País tão criativo em produzir ideias sem cabimento, que não é propriamente difícil encontrar uma nova pauta, diariamente. A questão é ter paciência e método. Criticar uma ideia não porque ela vem do político, do partido ou do governo que eu não gosto, como é moda, por aí. E nem mudar de critério de acordo com as simpatias do momento. A questão é fazer isto de um certo ponto de vista. Funciona como uma linha melódica a partir do qual o artista consegue produzir infinitas variações. Talvez seja isto que falta ao debate brasileiro.

Surge aí a terceira razão. O Brasil é um País forjado por duas longas ditaduras, no século XX, e uma Constituição que em parte chancelou, e em parte ajudou a criar, uma máquina pública enorme, cara e ineficiente. Um modelo de Estado que condenou o País a crescer, nas últimas quatro décadas, em termos de renda per capita, a metade do cresceu nossos igualmente pobres vizinhos latino-americanos. Uma vergonha, em síntese. E é aí que entra a história do Roberto. Seu recado, forte, coerente, vai em linha com uma frase perdida no tempo, dita por um notório socialdemocrata brasileiro, Mário Covas, na campanha eleitora de 1989: o Brasil precisa de um choque de capitalismo. Aquela frase ficou no ar, nestes anos todos, e talvez seja por isso meu apoio modesto para que o Roberto escrevesse o seu livro.

Ocorre que faz uns trinta anos que lido com políticas públicas, no Brasil, e se há uma conclusão a que cheguei, e que passou com os anos a me incomodar cada vez mais, é o completo esquecimento da ideia de liberdade quando se decidem políticas publicas, no País. E é aí que vale, e muito, ler e escutar o que o Roberto tem a dizer. Algo mais ou menos assim: na próxima vez em que se discutir a melhor "modelagem" para o FGTS, esqueçam o debate viciado sobre qual o uso mais eficiente do recurso. Deixem que as pessoas, cada indivíduo, decida o que fazer com o seu dinheiro; da próxima vez que forem discutir se o voto deve ser obrigatório ou facultativo, esqueçam as dezenas de papers tentando explicar se obrigar ou não as pessoas a irem às urnas, a cada dois anos, é "melhor para a democracia". Simplesmente deixem que as pessoas decidam isso pela própria cabeça. Vale o mesmo para qualquer debate (este sim particularmente absurdo) sobre o "financiamento público" de campanhas: que cada um decida se quer colocar o seu dinheiro em um partido ou em uma campanha. E vale o mesmo para nosso eterno debate educacional. Da próxima vez que começarem a debater sobre o que fazer, entendam que qualquer discussão deve começar pela questão mais simples: as famílias poderão escolher onde seus filhos irão estudar? Seria possível elencar aqui dezenas de questões. Em todas elas, se alguém ler e lembrar do que o Roberto escreve, haverá uma exigência comum: colocar a prioridade ética, isto é, a liberdade individual, no centro da equação. Prioridade esta que, ao contrário de excluir, representa a melhor chance de se obter a prosperidade, ao longo do tempo.

Por fim, penso que fica do livro de Roberto o testemunho de um tipo de atitude intelectual. Um exemplo dessa atitude ocorre durante o regime militar, quando ele, investigado, teve de explicar ao agente do Estado que era simultaneamente um "capitalista" e um opositor do regime, o que deve ter causado certa confusão ao funcionário, provavelmente acostumado a lidar com opositores socialistas. O segundo exemplo vem da vivência como jovem empresário, à época de criação do IEE. A "desfaçatez" com o então incensado Ministro Funaro, a cisão com o mundo empresarial corporativo, de Porto Alegre. Ainda agora é possível observar esta atitude, por parte do Roberto, em sua relação com o Partido Novo: tendo sido uma figura importante na sua formação, no sul do País, não hesita em criticar o partido, sempre que o pragmatismo político se coloca à frente da agenda liberal, no dia a dia dos jogos de poder.

No fundo, esta é a atitude que se espera de um liberal sereno e independente. Alguém que entende, como disse Weber, naquele discurso icônico, a política como "o lento perfurar de tábuas duras". Nesse sentido, talvez falte alguma coisa ao título do livro do Roberto. Ao lado do filósofo, do monge e da heroína, é preciso acrescentar ainda um personagem: o inconformista. O neto do seu Isaac, o caixeiro viajante, mesma profissão do meu avô, o comerciante judeu, o jovem empresário que um dia percebeu a força daquele discurso de John Galt, em A Revolta de Atlas, num verão em Florianópolis, o intelectual que publica agora o primeiro de muitos livros que, tenho certeza, virão à frente.

Acompanhe a LVM Editora nas Redes Sociais

🅕 https://www.facebook.com/LVMeditora/

🅞 https://www.instagram.com/lvmeditora/

Esta edição foi preparada pela LVM Editora e por Décio Lopes,
com tipografia Baskerville e Big Caslon,
em março de 2023.